니켄세케이
미래를 짓다

DARE MO SHIRANAI NIKKEN SEKKEI SEKAI SAIDAIKYU NO SEKKEISHA
SHUDAN NO SUGAO written by Hiroshi Miyazawa.

Copyright © 2021 by Hiroshi Miyazawa
All rights reserved.

Originally published in Japan by Nikkei Business Publications, Inc.
Korean translation rights arranged with Nikkei Business Publications, Inc.
through EntersKorea Co., Ltd.

니켄세케이 NIKKEN 미래를 짓다

세계 최고의 건축그룹 '니켄'의 숨겨진 성장스토리

미야자와 히로시 저   정병균·김미화 역

사진으로 보는
NIKKEN 120년

오사카 현립 나카노시마 도서관 (구칭 : 오사카 도서관) 1904년
• 사진 출전_ 히다카 유타카(편) 「노구치 박사 건축 도면집」 히다카 유타카, 1920년
(상세 51페이지 참조)

스미토모 빌딩 1930년
 • 사진 촬영_ Prof.Botond Bognar
(상세 56페이지 참조)

오사카 증권거래소 (구칭 : 오사카 주식거래소) 1935년
• 사진 제공_ 니켄세케이
(상세 59페이지 참조)

도쿄 타워 (일본 전파탑) 1958년
• Licensed by_ TOKYO TOWER
(상세 66페이지 참조)

114빌딩 1966년
• 사진 촬영_ 나토리 카즈오 (나토리 촬영소)
(상세 76페이지 참조)

팔레스 사이드 빌딩 1966년
• 사진 촬영_ 무라이 오사무
(상세 78페이지 참조)

트윈21/OBP 1986년 · 1990년대
• 사진 촬영_ 미시마 유
(상세 80페이지 참조)

도쿄 돔 1988년
• 사진 촬영_ 와타나베 스튜디오
(상세 83페이지 참조)

NEC 슈퍼타워 (일본 전기 본사 빌딩) 1990년
• 사진 촬영_ 미시마 유
(상세 35페이지 참조)

키엔스 본사·연구소 빌딩 1994년
- 사진 촬영_ 카라마츠 사진사무소(카라마츠 미노루)

(상세 133페이지 참조)

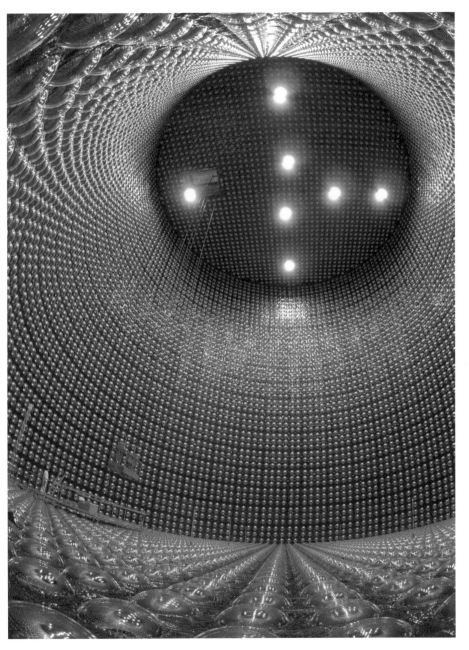

슈퍼 카미오 칸데 1996년

• 사진 제공_ 도쿄대학 우주선연구소 카미오카 우주기본입자 연구시설

(상세 84페이지 참조)

퀸즈 스퀘어 요코하마 1997년
• 사진 촬영_ 미와 고큐 사진연구소
(상세 149페이지 참조)

이즈미 가든 2002년
• 사진 촬영_ 가와스미·고바야시 켄지 사진연구소
(상세 150페이지 참조)

호키미술관 2010년
• 사진 촬영_ 나카사앤드파트너스
(상세 136페이지 참조)

도쿄 스카이트리® 2012년
• 사진 촬영_아라타
(상세 87페이지 참조)

시부야 스크램블 스퀘어 제1기 (동쪽 동) 2019년
• 사진 제공_ 시부야 스크램블 스퀘어
(상세 113페이지 참조)

'도쿄 타워', '도쿄 돔', '도쿄 스카이 트리'.

일본인이라면 일단 이 세 개의 건축물을 모르는 사람은 없다. 그렇다면 이 건축물의 공통점은 무엇일까? 아마도 이 질문에는 바로 대답하기 어려울 것이다. 이 세 건축물의 공통점은 바로 '니켄세케이'라고 하는 '조직 설계 사무소'가 중심이 되어 실현한 건축물이라는 것이다.

●······ 1급 건축사 983명, 세계 최대 규모의 설계 사무소

"니켄세케이? 무슨 회사입니까?" "조직 설계 사무소가 뭐하는 곳입니까?" "건축가와는 다른 겁니까?" 당연히 이런 질문들이 뒤따를 것 같아서 기본적인 단어 설명을 하고 넘어가겠다.

우선 '건축가'라는 단어는 일상적으로 사용되고는 있지만 사실 명확한 정의가 없는 단어다. 실제로 안도 다다오나 쿠마 켄고와 같은 '개인의 이름을 내걸고 설계 활동을 하는 설계자'를 지칭하는 경우가 많은데, 의사처럼 '자격'을 지칭하는 단어로 표현하자면 건축가가 아닌 '건축사'가 정확한 표현이다. 건물을 설계할 수 있는 '건축사'의 자격에는 목조 건축사, 2급 건축사, 1급 건축사 등 세 종류가 있다.

목조 건축사와 2급 건축사가 설계할 수 있는 건물은 개인 주택과 같은 소규모 건물이고, 1급 건축사는 규모와 상관없이 어떤 건물이든 설계할 수 있다. 그러므로 1급 건축사 자격이 가장 취득하기 어렵다.

그 어려운 1급 건축사 자격을 가진 직원을 일본에서 가장 많이 보유하고 있는 곳이 바로 니켄세케이다. 2023년 봄을 기점으로 1급 건축사 983명, 전체 직원 수는 그 배를 넘는 약 2,300명이다. 더 나아가 관련 회사를 포함한 니켄세케이 그룹 전체로는 약 3,000명 규모다. 이는 해외 설계사와 비교하더라도 몇 손가락 안에 꼽히는 규모다.

●······ 진짜 도시를 만드는 건 '조직 설계회사'의 몫

현재 니켄세케이는 창설 123년(2023년)이 된다. 니켄세케이의 전신인 '스미토모 본점 임시 건축부'가 발족한 것이 1900년이다. 설계 사무소 사이에서도 압도적인 규모와 역사를 자랑한다. 건축업계에서는 모르는 사람이 없을 정도다. 그렇지만 일반인들 대부분은 니켄세케이를 모른다. 이렇게 말하고 있는 필자도 건축이라는 세계에 들어오기 전까지는 전혀 알지 못했다.

필자는 건축 전문잡지 「닛케이 아키텍처」의 편집기자로 1990년부터 2020년까지 30년간 근무했고 최근 4년간은 편집장으로 일했다. 경력으로 말하자면 그 누구보다 건축계 사람이지만, 원래는 건축과 전혀 인연이 없는 문과 출신이다. 필자 또한 예전에는 모든 건물이 안도 다다오 같은 개인 '건축가'가 설계하는 것이라고 알고 있었다. 그러나 취재를 시작하자마자 도시의 대형 건물 대부분을 니켄세케이와 같은 '조직 설계회사' 혹은 종합건설회사(제네콘)의 설계 부문이 설계했다는 것을 알게 되었다.

'조직 설계회사'는 직원 수가 100명을 넘는 대형 설계 사무소를 말한다. 필자는 '건축'의 재미에 점점 **빠져들었다.** 건축가가 설계하는 개성 있는 건물도 재미있었지만, 한편으로 조직 설계회사가 팀의 조직력을 살려 설계하는 건물의 매력에 더욱 **빠져들었다.** 이러한 조직 설계회사 가운데에서도 니켄세케이 조직의 힘은 압도적이었다. 엘리트 집단이라고는 생각하지 못할 정도로 개성 넘치는 그들에게 반해 버렸다.

●······ 120년 역사 가운데 처음 내세운 '디자인 전략'

편집기자 경력 30년째 되던 해에 필자는 독립했다. 그 시점(2020년 2월)에 니켄세케이가 새롭게 내세운 전략을 알게 되었다. 120년 역사를 통틀어 최초로 '디자인 전략'을 세우고, 그것을 발판삼아 그룹사가 한층 더 도약하여 '도시와 건축을 만드는 다양한 사람으로 이루어진 전문가 집단'으로 탈바꿈한다는 것이었다.

그 후 약 1년에 걸친 그들의 논의 과정을 방청하고 기록한 결과물이 바로 이 책이다. 이 책은 니켄세케이와의 협력으로 탄생했지만 내용의 실마리나 표현 방식은 어디까지나 필자 개인의 역량이며 책에서 언급하는 프로젝트도 필자가 임의로 고른 것임을 밝혀 둔다.

이제 두 명의 핵심 인물, 필자도 오래전부터 알고 지낸 야마나시 토모히코, 그리고 오타니 히로아키의 결의, 아니, 망설임으로부터 이 책을 시작하도록 하자.

목 차

7장

'NIKKEN'은 불변의 룰을 믿지 않는다

8장

그 이후로도 멈추지 않는 'NIKKEN'

01 Global
Environment

02 Wellness &
Resilience

03 Next TOD

07 Regulation
Design

08 Organization
Design

NIKKEN DES

11 All NIKKEN
Design

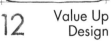

12 Value Up
Design

13 Sophisticated
Design

인트라넷상의 'NIKKEN Design Goals' 메인 화면에 펼쳐지는 아이콘 모음.
일러스트 제작은 니켄세케이 일러스트레이션 스튜디오.

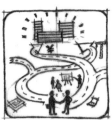

04 Flexibility Design

05 Digital Transformation

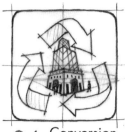

06 Conversion & Re-use

IGN GOALS

09 Global Design

10 Risk Management

14 After COVID-19

15 Design for Dream

What is the next goal?

이 책을 재미있게 읽는 방법

이 책의 전체 흐름을 알기 쉽도록 장 뒤에 포인트가 되는 인상적인 문구를 큰 글씨로 써 놓았다. 오른쪽 하단부 여백에 스토리의 중심이 되는 6개의 건축을 만화로 그려넣었다. 우선은 전체를 '책장 넘기기 만화'로 넘겨본 후, 처음부터 순서대로 읽어도 좋고, 궁금한 장부터 랜덤으로 읽는 것도 좋다. 종이책만이 가지고 있는 재미를 즐겨 주기 바란다. 여백의 책장 넘기기 만화는 필자가 직접 그린 것이다.

이 책을 읽기 전 알아야 할 개념

디자인 비전 : 모든 것의 근간이 되는 그룹 내에서 길러져 온 디자인에 관한 이념

디자인 골즈 : 디자인의 '척도'가 되는 좁은 의미부터 넓은 의미로의 디자인의 다양한 '방향성'

디자인 챌린지 : 프로젝트의 추진에 있어서 '골즈'를 염두에 두고 각 프로젝트 팀이 자발적으로 설정한 디자인의 구체적인 목표

1장

조직 설계의
두 간판스타,
야마나시 토모히코와
오타니 히로아키의
고뇌

니켄세케이의 사원들에게 "입사 계기가 된 프로젝트는 무엇입니까?" 하고 물으면 다양하고 재미있는 대답이 돌아온다.

1960년생인 야마나시 토모히코는 1985년 도쿄대학 대학원 2학년 생이던 당시 우연히 한 잡지에서 'NEC 슈퍼 타워(일본 전기 본사 빌딩)'[※1] 의 계획안을 보게 되었고, 그것이 그의 인생을 바꾸어 놓았다. 하늘을 향해 날아오를 듯, 마치 스페이스 셔틀을 형상화한 것 같은 실루엣의 초 고층 빌딩. 또 하나 야마나시의 눈에 들어온 것은 건물 몸통 부분에 있 는 거대한 구멍이었다.

●······ 야마나시 토모히코를 니켄세케이로 불러들인 '도쿄의 얼굴'

도쿄 미타 인근의 건설 현장, 지상 43층 초고층 빌딩의 13층에서 15 층에 걸쳐 커다란 구멍이 뚫려 있다. 이는 초고층 빌딩 특유의 '빌딩풍' 을 줄이기 위한 것으로 주변에 강한 바람이 부는 지역을 만들지 않기 위 해서 몇 번이고 풍동 실험을 거듭해 그 해결책으로 탄생한 형태이다. 또 한 이 구멍은 빌딩 아래에 있는 아트리움(중앙정원)에 빛을 끌어들이는 용도로도 사용된다.

이 건물을 설계한 것은 니켄세케이 도쿄사무소의 하야시 쇼지(1928 년~2011년)가 이끄는 설계팀이었다. 하야시 쇼지는 당시 니켄세케이의 '도쿄의 얼굴'이라고 불리던 설계자였다.

※1

NEC 슈퍼 타워(일본 전기 본사 빌딩)
1990년 도쿄

설계: 니켄세케이, 시공: 카지마 건설 · 오바야시구미 JV. S조 · SRC조 · RC조
연면적 14만 5100㎡, 일본 전기의 발상지인 도쿄 미타에 세워진 초고층 빌딩.
중앙부에 바람이 흘러나가는 큰 구멍이 있다. 그 밑에 아트리움의 유리 지붕은 개폐가 가능하다.
아트리움의 변천사에 있어서도 중요한 사건이라고 할 수 있는 프로젝트다.
(S조=철골조, SRC조=철골철근콘크리트조, RC조=철근콘크리트조. 이하 동일)

'도시 레벨의 사고방식이 건축의 형태에 녹아들어 있는, 이런 건축물을 설계해 보고 싶다.' 당시까지만 해도 '교수 겸 건축가'를 목표로 하고 있던 야마나시였지만, 바로 그 순간 전혀 다른 목표인 조직설계로 인생 항로가 바뀌게 된 것이다. 무언가 결정하면 행동이 빠른 것은 그때나 지금이나 별반 다르지 않아서, 야마나시는 며칠 후로 다가온 박사 과정 시험을 치르지 않겠다고 담당 교수에게 말했다.

"니켄세케이에 입사할 거라는 보증은 전혀 없었지만, 학교로 돌아갈 수 있는 길을 아예 없애 버려야 니켄세케이에 매진할 수 있을 것 같았습니다. 그 정도로 니켄세케이에 들어가고 싶었습니다." 야마나시는 웃으며 말했다.

NEC 슈퍼 타워는 야마나시가 니켄세케이에 입사한 이후 1990년에 완성되었고, 수많은 미디어에 거론되었다. 야마나시는 이 프로젝트에 관여하지는 않았지만, 입사 후 하야시 쇼지와 묘한 인연이 이어졌고, 오랜 시간이 지나 '도쿄의 얼굴'이 된다.

●····· 오타니 히로아키를 니켄세케이로 이끈 '오사카의 얼굴'

이 기록의 또 다른 중심인물인 오타니 히로아키는 야마나시와 같은 해인 1986년에 니켄세케이에 입사했다. 대학원에 진학하지 않고 학부 졸업 후 바로 입사한 오타니는 나이로는 야마나시보다 2살 아래로

1962년생이다. 오타니는 어린 시절부터 손끝이 야무졌고 고등학교 시절에 알게 된 요시다 이소야에 대한 동경으로 도쿄 예술대학 건축학과에 입학했다.

요시다 이소야(1894년~1974년)는 일본 건축 역사에서 '다실건축'의 근대화를 이끈 독자적인 건축가로 도쿄 예술대학에서 오랫동안 교편을 잡았고, 지금까지도 도쿄 예술대학의 교육관에 큰 영향을 미치고 있다.

"서점에서 무언가에 이끌려 요시다 이소야의 책을 손에 들었을 때 온몸에 소름이 끼쳤습니다. 이 얼마나 훌륭한 프로포션(비율)인가!"

오타니는 당연한 듯 그렇게 말하지만, 요시다 이소야의 건축은 '화려함이 없는 수수한 디자인'으로, 그 건축의 장점을 꿰뚫었던 오타니는 꽤나 조숙한 고등학생이었던 것 같다. 오타니는 그런 자신을 "또래 아이들과는 다른 좀 이상한 아이였습니다"라고 말하며 웃었다.

야마나시도 도쿄 예술대학 졸업생으로(대학원부터 도쿄대로 진학) 그들은 몇 년간 도쿄 예술대학에서 같은 공기를 마셨다.

"야마나시는 그때부터 눈에 띄는 존재였습니다."

오타니는 당시를 회상하며 말했다. 대학원에 별 흥미가 없었던 오타니는 야마나시와는 다르게 하루라도 빨리 사회에 나가고 싶었다.

"저에게는 장인 기질이 있다고 믿었고 세상이 기억할 만한 무언가를 직접 만들고 싶었습니다. 어디에 취업해야 하루라도 빨리 실현 가능한 설계를 할 수 있을까 고민하고 있었습니다."

●······ '오사카의 얼굴' 미나이 키미아키가 오타니를 불러들이다

요시다 이소야가 세상을 떠난 지 10년 이상의 시간이 지났지만 그에 대한 오타니의 동경은 변하지 않았다. 당시 취직자리를 찾고 있던 오타니가 매료된 건축물은 바로 도쿄 오테마치에 위치한 '산와은행 도쿄 빌딩'※2 이었다.

1973년 황궁의 해자 위에 준공된 이 건물은 2012년 해체되어 현재는 그 모습을 찾아볼 수 없다. 당시 사진을 보면 짙은 회색의 화강암으로 덮인 25층 건물로, 줄무늬처럼 각 층에 음각으로 패인 것 같은 연속된 모양의 창이 인상적이다. 장식적인 요소는 전혀 없다고 말할 수 있을 정도다.

"놀라운 비율이에요. 조직설계에 의해 세워진 빌딩이라고는 생각하지 못했습니다. 이렇게 무리하지 않고도 많은 사람을 감동시키는 그런 건물을 설계하고 싶었습니다." 오타니는 당시를 회상했다.

산와은행 도쿄빌딩은 니켄세케이 오사카 사무소의 리더로서 훗날 사장 자리까지 올랐던 미나이 키미아키가 설계의 중심이 되었던 프로젝트다. 미나이는 주로 오사카를 거점으로 활동했지만 은행 관계자로부터 신뢰가 두터워 전국의 은행 거점 빌딩이나 관련 시설을 설계했다. 당시 하야시 쇼지는 니켄세케이의 '도쿄의 얼굴'로, 미나이 키미아키는 '오사카의 얼굴'로 불리고 있었다. 오사카 출신이었던 오타니는 니켄세케이에 입사한 후 연수 기간이 끝나자마자 미나이가 지휘하는 오사카 사

산와은행 도쿄빌딩
1973년 도쿄

설계: 니켄세케이

차분한 디자인 이외에도 고층 빌딩의 에너지 절약 대책을 담은 선구적인 프로젝트다.

깊게 패인 음각과 같은 창은 차양으로서의 기능과 동시에 복층유리 사용으로 냉난방 요금 절감을 가능케 한다. 일본에 도입된 지 얼마 안 된 가변 풍량(VAV) 장치를 전면적으로 채택했으며 인테리어의 영역별 온도 제어를 실시하여 각 층 공조 방식과 아울러 반송 동력의 저감을 도모했다. 재건축을 위해 2012년에 해체되었다.

무소에 배속되었다. 그로부터 30년 이상이 지난 지금, 오타니는 '오사카의 얼굴'이 되었다.

●······ 카메이 회장이 움직인 두 가지 이유

"이 두 사람 밖에 없습니다."

2019년이 끝날 무렵, 카메이 타다오 회장(당시 사장)은 사내 디자인을 총괄하는 새로운 역할 '최고디자인책임자(CDO)'를 뽑기로 결정하고 오타니와 야마나시의 얼굴을 떠올렸다. 니켄세케이의 120년 역사를 통틀어 '회사 전체의 디자인을 총괄하는 포지션'을 둔 적은 없었다. 디자인의 방향성을 나타내는 지침 또한 내건 적이 없었다.

2015년 1월 사장으로 취임한 카메이는 4년 동안 회사라는 큰 배를 경영하며, 경영의 키를 쥔 자신과는 별도로 디자인의 키를 쥐고 조종할 사람이 필요하다고 느꼈다. 이유는 크게 두 가지였다. 첫 번째는 조직 규모가 커지고 직원들의 프로필이 다양해진 데 있었다.

"제가 입사한 당시(1981년) 니켄세케이 직원은 모두 1,000명 정도였습니다. 그 후 40년 동안 클라이언트의 요구는 설계 이외의 다양한 영역으로 확장되어 지금은 니켄 그룹 전체 직원이 3,000명 가까이 늘어났습니다. 직원 수 뿐만 아니라 직종도 확대되었고, 외국 국적을 가진 직원도 많아졌습니다. 경력직으로 입사하는 직원도 늘었습니다. 예전

처럼 '척하면 척, 눈빛만 보면 알 수 있다'고 할 만한 조직 규모를 넘어선
겁니다."

두 번째 이유는 '니켄세케이 디자인 원칙을 사외로 더욱 어필해 나갈
필요'였다. 다양한 경영자 층의 클라이언트를 매일 만나는 카메이로서
는 그러한 위기감이 더욱 피부에 와닿았을 것이다.

"니켄세케이가 예전보다 폭넓은 일을 하게 된 건 맞지만, 사외에서
보았을 때는 'NIKKEN'과 '디자인'을 연결하기가 점점 어려워지고 있었
습니다."

> "'척하면 척, 눈빛만 보면 알 수 있다'고
> 할 만한 조직 규모를 넘어서다."

●⋯⋯ 7개 그룹사로 구성된 니켄 그룹

이 책에서 주로 다루는 것은 니켄세케이의 이야기지만, 여기서 잠깐
니켄 그룹에 대해 조금 설명을 하고 넘어가면 좋을 듯싶다. 니켄 그룹은
니켄세케이 외에 홋카이도 니켄세케이, 니켄 하우징 시스템, 니켄 스페
이스 디자인, 니켄세케이 시빌, 니켄세케이 컨스트럭션 매니지먼트, 니
켄세케이 종합연구소 등 총 7개 그룹사로 구성되어 있다. (각 그룹사의 업

무 내용은 128쪽 참조.) 니켄세케이의 직원 수가 약 2,000명, 다른 그룹사들의 합계는 약 1,000명 정도 규모다.

"'NIKKEN'과 '디자인'을 연결하기 어려운 상황은 향후 더 심화될 것이다. 디자인을 담당하는 포지션을 따로 만들고, 니켄세케이에서 더 나아가 니켄 그룹으로서의 디자인 방향성을 외부에 발신하는 것이 필수다." 이것이 바로 카메이의 생각이었다.

●······ 상명 하달식 사풍은 우리와 맞지 않다

사장인 카메이도 1급 건축사 자격을 가진 설계자다. '도쿄 돔(1988년)', '퀸즈 스퀘어 요코하마(1997년)', '사이타마 슈퍼 아레나(2000년)', '도쿄 스카이트리(2012년)' 등 화려한 설계 경험을 가지고 있다.

니켄세케이는 역대 톱 경영자 대부분이 설계자로서도 일류라는 점이 매우 특이한 회사다. 경영자가 이미 뛰어난 설계자라면 그가 디자인의 방향성을 제시하는 것이 자연스러운 일 아닐까. 그러나 카메이는 그런 식의 사풍은 니켄세케이에 맞지 않다고 생각했다. 왜일까?

니켄세케이라는 조직은 한마디로 '속박을 싫어하는' 집단이다. 규칙을 만들어 위에서 밀어붙이는 식으로는 결코 회사가 돌아가지 않을 것임을 카메이는 직감했다. 디자인을 총괄하는 역할은 경영자가 아닌 또다른 사람이 맡아야 하며, 한 사람이 아닌 여럿이어야 하고, 그들 스스로 자신의 직무를 어떤 방식으로 완수할 것인지 깨달아야 한다고 생각했다.

그러자 카메이의 머릿속에 야마나시 토모히코와 오타니 히로아키의 얼굴이 떠올랐다.

●······ 조직 설계의 두 간판스타

사원 수 2,000명의 니켄세케이 내에서 야마나시와 오타니는 확연하게 눈에 띄는 존재다. 오타니는 20대부터, 야마나시는 30대 초반부터 이미 회사 안팎에서 널리 이름을 알렸다. 지명도를 얻는 데는 '건축학회 상 수상자'라는 간판도 한몫했는데, 이 상의 공식 명칭은 '일본 건축학회상 〈작품〉'으로, 70년 이상의 역사를 가진 이 상은 건축 설계라는 세계에서 특히나 명성이 높다. 매년 많아야 3팀, 적을 때는 아예 수상자를 내지 않는 좁은 문이다.

과거에도 조직설계 분야에서 이 상을 받은 사람은 몇 명 되지 않았는데, 두 사람 모두 바로 이 상을 받았고, 야마나시는 심지어 두 번이나 이상을 수상했다.

2005년에 오타니가 먼저 '적층의 집'으로 이 상을 수상했는데 적층의 집은 다름 아닌 오타니의 자택이었다. 니켄세케이의 일이 아닌 개인적으로 설계한 자신의 집으로 상을 받은 것이다. 역시 조직에 순응하는 이미지와는 거리가 먼 오타니 답다고나 할까. 야마나시는 오타니보다 9년 늦은 2014년 '소니 시티 오사키(현 NBF 오사키 빌딩)'로 일본 건축학회상을 수상했다. 그리고 4년 후 2018년에 '토호학원대학 초후캠퍼스 1호관'으로 두 번째 수상을 하게 된다. 다시 한번 말하지만, 이 상을 두 번이나 받은 사람은 단 몇 명뿐이다.

건축 관계자라면 이제 모두가 이 두 사람의 이름을 알고 있다. 두 사람 모두 니켄세케이에 국한되지 않는 '조직설계의 두 간판스타'라 해도 과언이 아닐 것이다.

> "니켄세케이는 속박되는 것을 싫어하는 집단,
> 위에서 밀어붙여서는 돌아가지 않는다."

●······ 디자인의 방향을 정하는 '디자인 전략을

회사 안팎에서 요구되는 역할을 떠맡을 적임자로서 이 두 사람을 대신할 선택지는 없다고 생각한 카메이는 새롭게 만든 '최고디자인책임자(CDO)' 자리에 야마나시와 오타니를 임명한 뒤 두 사람을 불러 자신의 생각을 설명했다.

카메이의 이야기를 들은 야마나시는 '상당히 귀찮은 일'이라고 생각했고, 오타니는 '겉모양만 그럴듯한 자리라면 맡지 않겠다'고 생각했다며 당시를 회상했다. 두 사람 모두 겉치레 인사나 겉모양만 그럴듯한 자리에 대충 장단을 맞추는 사람은 아니었던 것이다.

세 명이 서로 의견을 교환하는 가운데, 카메이는 "니켄세케이로서 디자인의 방향을 정하려면 '디자인 전략' 같은 것이 필요하지 않을까요?"라고 말했고, 이것은 카메이도 예상하지 못한 엄청난 논의로 전개되기에 이른다.

2장

이름만 대면
알 만한 건축 뒤에는
'NIKKEN'이 있다

디자인 전략 논의로 나아가기 앞서, '니켄세케이'라는 회사에 대해 좀 더 이야기해 보자. 이 조직의 변천사는 메이지 이후의 일본 경제를 반영하고 있다는 점 때문에 더욱 흥미롭다. 사업을 하는 사람이라면 누구나 궁금할 만한 이야기일 것이다.

한 가지 놀라운 사실은 니켄세케이의 근원이 되는 조직으로부터 현재의 스미토모 상사가 태어났다는 점이다. 시작이 스미토모 상사가 아니라 니켄세케이라는 것인데, 조금 더 자세히 알아보기 위해 잠깐 메이지 시대로 거슬러 올라가 보자. (디자인 전략 논의가 궁금하신 분들은 건너뛰고 3장으로.)

●⋯⋯ 발족 당시는 '임시' 취급

역사의 시작은 1895년 5월에 열린 스미토모 재벌가의 회의로 거슬러 올라간다. 오노미치 지점에서 열린 중역 회의, 의제였던 9개 항목 중 첫 번째는 스미토모 은행의 창설에 관한 것이었고, 두 번째가 스미토모 본점 건물 신축에 관한 것이었다. 이 중역 회의에서 은행업의 시작이 결정되었고, 거점이 되는 스미토모 본점에 대해 아래의 선언이 결의되었다.

"건축 공사는 수년의 기한을 두고 충분히 견고하게, 백년대계를 이룰 것."

그 결의가 니켄세케이의 근원이 되는 '스미토모 본점 임시 건축부' 탄생의 계기였다. 메이지 유신으로부터 25년이 흘러 일본에서는 도시 중심의 근대화가 급속히 진행되고 있었다.

도쿄에서는 1890년에 정부로부터 마루노우치 일대의 개발권을 받은 미쓰비시 그룹이 콘도르와 그의 제자 소네 타츠죠를 초청해 이미 개발을 시작하고 있었다. 간사이의 대표 주자였던 스미토모 그룹도 문부성 기술사였던 야마구치 한로쿠를 건축 고문으로 맞이해 새로운 거점을 만들기 시작했다.

당시 스미토모 그룹의 리더는 제15대 당주인 스미토모 키치자에몬 토모이토(1865년~1926년)로 1895년 11월 스미토모 은행이 출범한 후 2년이 지난 1897년에 토모이토는 직접 유럽은행 등을 시찰하게 된다. 다도와 회화에 조예가 깊었던 토모이토는 건축에 대한 관심도 높아 1900년 6월, 스미토모 본점에 '임시 건축부'를 발족시킨다. 이것이 바로 니켄세케이의 시작이었다.

임시 건축부의 제1호 사원으로 채용된 노구치 마고이치(1869년~1915년)는 도쿄 제국대학 건축학과에서 타츠노 킨고에게 사사 후 전신성(1940년대 우편과 통신을 담당하는 정부 기관)에서 근무했는데, 30세 초반 스미토모 그룹에 초대되어 은행 건축 조사를 위해 유럽을 시찰한 뒤 귀국했고 이후 발족된 임시 건축부에서 기술장이 되었다. 임시 건축부의 초석을 세운 또 하나의 중심인물은 바로 히다카 유타카(1875년~1952년)

로 노구치의 도쿄 제국대학 후배인 히다카는 건축부 발족과 동시에 기사로 채용되었다.

1895년 '스미토모 본점' 신축 결의.
'건축 공사는 백년대계를 이룰 것'.

●⋯⋯ **스미토모 그룹이 기증한 '오사카 도서관'이 높은 평가를 받다**

'임시 건축부'라는 명칭에서도 알 수 있듯이 설립 당시는 기간이 한정된 조직으로 노구치와 히다카도 신분상 '임시직'이었다. 임시 건축부에는 스미토모 본점 빌딩의 설계 외에도 또 다른 과제가 있었는데 그중 하나가 바로 '오사카 도서관※3(현 오사카 현립 나카노시마 도서관)이었다.

먼저 완성된 오사카 도서관은 토모이토가 오사카현에 기증한 것으로 임시 건축부가 발족한 뒤 3개월이 지난 1900년 9월에 착공, 1904년 1월에 완성되었다. 이 기간에 건축 고문이었던 야마구치 한로쿠가 1900년 8월에 고인이 되고, 그다음 해 3월 노구치의 스승인 다츠노 켄고가 그의 후임으로 건축 고문이 되었다.

네오클래시시즘의 고전적인 스타일을 고수한 이 건물은 곧 큰 화제가 되었고, 완공 후 70년이 지난 1974년 국가 중요문화재로 지정되어

※3

오사카 현립 나카노시마 도서관 (구 오사카 도서관)
1904년 오사카

설계: 노구치 마고이치 (스미토모 본점 임시 건축부)
스미토모 그룹 제15대 당주인 스미토모 키치자에몬 토모이토의 기부로 만들어졌다. 1915년 노구치 마고이치
가 46세의 젊은 나이로 사망한 후 히다카 유타카의 설계로 남북의 증축동이 완성되었다. 외관은 르네상스 후
기의 팔라디오 양식으로 건물 정면은 코린트식 원주가 늘어선 그리스 신전을 떠올리게 하는 디자인. 1974년
중요문화재로 지정되었다

그로부터 50년 가까이 지난 지금도 '현역'으로 사용되고 있다.

●⋯⋯ 하세베 에이치를 포함한 젊은 힘이 완성한 스미토모 빌딩

토모이토가 '백년대계'라고 지칭한 스미토모 본점 빌딩의 설계는 시간을 들여 진행되었다. 우선 당분간의 거점으로써 1908년에 총본점 임시 건물※4이 건설되었는데 목조 2층 서양식 건물로 누구치가 설계의 중심이 되었다. 세 개의 돔 지붕을 가진 이 건물은 임시 건물이라고 생각할 수 없을 만큼 인상적인 외관으로 시민들에게 사랑받았고, 본점으로 옮길 때는 해체를 아쉬워하는 목소리가 높았다고 한다.

본점이 착공한 것은 임시 건축부 발족으로부터 22년이 지난 1922년이었다. 이 기간 동안 조직 체제에 큰 변화가 있었는데 그중 하나는 '임시' 취급이 없어진 것이다. 오사카 도서관이나 스미토모 본점의 임시 건물(1908년), 스미토모 그룹의 별장인 스마 별장※5(1903년 완성, 제2차 세계대전 당시 소실됨)에 대한 평가가 높았기 때문에, 1911년에 정식 조직인 '스미토모 총 본점 영선과'로 승격했고, 1921년에는 회사 조직 변경에 따라 '스미토모 합자 회사 공작부'라는 이름으로 변경되었다.

※4

스미토모 총본점 임시 건물
1908년 오사카

설계: 노구치 마고이치 (스미토모 본점 임시 건축부)
스미토모 빌딩의 남쪽 절반 부지에 지어졌다. 1기 공사가 완성되고 건물은 간사이 대학에 기증 후 옮겨져 이
곳에서 2기 공사가 진행되었다.

※5

스미토모 그룹 스마 별장
1903년 고베

설계: 노구치 마고이치 (스미토모 본점 임시 건축부)

외관은 빅토리안 콜로니얼 양식, 인테리어에는 영국 르네상스 풍의 디자인이 더해졌다. 황태자 시절 쇼와 천황의 숙소로 여겨질 만큼 공적 영빈관의 역할을 했다. 제2차 세계대전 중 명화 컬렉션과 함께 소실되었다.

또 다른 변화는 초대 기술장이었던 노구치 마고이치가 1915년 46세라는 젊은 나이에 세상을 떠난 것으로, 노구치가 고인이 된 후 히다카가 조직의 리더가 되었다. 그리고 한편으로 스미토모 영선과·스미토모 공작부 시대를 이끌게 되는 두 사람이 성장하고 있었다. 바로 하세베 에이이치(1885년~1960년)와 다케코시 겐조(1888년~1981년)였다.

도쿄 제국대학 건축학과를 졸업한 하세베는 1909년 스미토모 총본점에 입사했고, 하세베보다 3살 아래인 다케코시 또한 도쿄 제국대학 건축학과를 졸업 후 영국에서 약 3년 반 동안 유학하고 1917년 스미토모에 입사했다.

젊은 힘이 더해져 진행된 스미토모 본점 빌딩의 설계안은 1922년에 마무리되었고 같은 해 착공되었다. 공사는 2기로 나뉘어 진행되었는데, 1기로 진행된 북쪽 절반은 1926년에, 남쪽 절반은 1930년에 완공이 되었고, 전체가 완성이 되어 '스미토모 빌딩'※6이 되었다.

이 큰 사업을 끝까지 총괄한 것은 초기 멤버인 히다카였지만, 외관 디자인은 하세베가 담당한 부분이 크다고 전해진다. 관리 능력이 뛰어난 다케코시는 미국에서 철골과 설비 발주를 담당했는데 당시 스미토모 공사에는 건설사를 통하지 않고 직영으로 진행했다고 전해진다.

15대 당주 스미토모 키치자에몬 토모이토는 1926년 세상을 떠나 스미토모의 완성을 보지 못했다.

※6

스미토모 빌딩
제1기 1926년, 제2기 1930년

설계: 스미토모 합자회사 공작부. 하세베 에이이치가 설계의 중심이 되었다

북·서·동의 세 방향에는 이오니아식의 기둥을 양 옆에 배치한 조각이 깊은 입구를 두고, 외벽에는 용산석과 이탈리아산 트래버틴 등의 의석을 사용했다. 고전과 현대, 서양과 동양을 융합하는 디자인으로 현재는 '미츠이 스미토모 은행 오사카 본점'으로 사용되고 있다.

●······ 스미토모를 떠나 하세베·다케코시 건축 사무소를 설립하다

히다카는 스미토모 빌딩을 완성한 다음 해 정년퇴직을 했고, 하세베와 다케코시가 그 뒤를 이었다. 두 사람은 자타공인 명콤비였다. 하세베는 독실한 기독교 신자로 온화한 성격에 말이 많지 않고 묵묵히 설계를 해나가는 타입이라면, 다케코시는 하세베를 존중하며 안주인 역할을 톡톡히 해내면서 외부와의 절충이나 경영 쪽을 주로 담당했다.

그런 두 사람에게 시련이 닥친다. 스미토모 건물은 거의 직영 공사였기 때문에 공작부에서는 최고 번영기에 140명의 직원을 두었는데 스미토모 빌딩의 첫 번째 완성이 가까워졌을 무렵 국내 경기가 악화되었고, 1929년 세계 공황의 여파로 불황이 계속되자 신축 착공이 줄어 스미토모 합자회사는 1933년 공작부 폐지를 결정하게 된다. 이러한 회사의 결정은 공작부를 폐지하고 구조 조정을 통해 원래의 '영선과'로 되돌리자는 것이었지만, 하세베와 다케코시는 직원들이 구조 조정 대상이 되는 것을 참을 수 없었기에 스미토모를 나와 건축 설계 사무소를 설립하기로 결정한다.

1933년 '하세베·다케코시 건축 사무소'가 발족된다. 다케코시에 따르면 당시 '일본 유일의 주식회사 건축 사무소'였다고 한다. 이들과 함께하게 된 직원은 모두 27명이었다.

● ⋯⋯ '오사카 주식 거래소'가 고객 수를 확대하다

'스미토모 계열이지만 스미토모 이외의 설계도 폭넓게 실시하는 설계 사무소', 현재도 계속되는 높은 우위성은 바로 여기가 분기점이었다고 할 수 있다.

공작부의 폐지가 정해지기 직전, 공작부에서는 오사카 주식 거래소의 신축 상담을 진행하고 있었다. 이에 대해 시중의 설계 사무소로부터 "스미토모 공작부가 스미토모 이외의 일을 하는 것은 시중의 동종 업계를 압박해 도의적이지 않다"는 항의가 있었고, 일단은 공작부에서 설계가 시작되었지만 이내 발족 시기가 정해진 하세베·타케코시 건축 사무소에 인계되었다.

하세베·다케코시 건축 사무소의 첫 작업이 된 오사카 주식 거래소 ※7(현 오사카 증권 거래소)는 1935년 완성되었다. 이제 막 시작한 설계 사무소가 주식 거래소를 완성시킨 데에는 큰 의미가 있었다. 어음 교환소는 자본주의 경제의 상징일 뿐 아니라 이를 계기로 도쿄 어음 교환소의 지명 설계 경기에 참가해 당선에 이르렀기 때문이다. 도쿄 어음 교환소 ※8는 1937년 일본은행의 남쪽 부지 옆에 완공되었고(현재 건물은 남아 있지 않다) 단기간에 동서의 '자본주의의 상징'을 설계한 것으로 경제 분야에서 높은 평가를 받게 된다.

도쿄 어음 교환소로부터 또 하나의 '수확'이 있었다면 공사를 진행하면서 근처 일본은행과 자주 협의를 하다가 인연이 된 일본은행의 기술

※7

오사카 증권 거래소 (구 오사카 주식 거래소)
1935년 오사카

설계: 하세베·타케코시 건축 사무소

타원형 입구 홀의 내·외관이 인상적인 건물이지만, 다케코시 켄조가 힘을 쏟은 것은 오히려 기능면이었다고 한다. 2,000명을 수용할 수 있는 냉난방이 완비된 엄청난 규모의 공간은 히나단(3월 3일 여자아이 명절에 일본 옷을 입은 인형들을 진열한 계단형의 장식대) 모양의 전화석에서 울리는 500대의 소음을 흡수하면서, 높은 장소에서의 타자기 소리가 거슬리지 않도록 설계되었다. 2004년 인테리어 일부를 보존 활용해 초고층 빌딩으로 재건축했다(미쓰비시지쇼와 니켄세케이 공동 설계).

※8

도쿄 어음 교환소
1937년 도쿄

설계: 하세베·타케코시 건축 사무소
일본은행 옆 부지로, 일본은행 기술사였던 오자키 큐스케를 헤드헌팅하는 계기가 된 프로젝트다.

사였던 오자키 큐스케가 1938년 하세베·타케코시 건축 사무소에 입사
하게 된 것이다. 말하자면 헤드헌팅이었던 셈이다. 오자키는 2차 세계
대전 이후 니켄세케이 공무의 초대 사장으로서 오늘날 발전의 초석을
쌓은 인물이다.

●······ 전쟁으로 인한 공장 수요 확대

　도쿄 어음 교환소가 완성된 1937년 중일전쟁이 발발, 1940년 일본·
독일·이탈리아의 삼국 군사동맹이 체결되는 등 전쟁은 확산세를 더해
갔다. 이러한 가운데 하세베·다케코시 건축 사무소의 일은 줄기는커녕
오히려 늘어났다.

　원인은 늘어나는 '공장'의 수요였다. 1939년 만주 스미토모 강관 봉
천 공장 완성을 시작으로, 1943년에는 조선 스미토모 경금속 원산공
장, 1944년에는 만주 안동금속이 착공되었다. 사무실의 활동 범위는
한반도, 만주, 상하이로 퍼져나갔고, 최고 번성기였던 1943년에는 300
명 가까운 직원을 보유하기도 했다. 그러나 하세베·타케코시 건축 사무
소는 최전성기 중에 막을 내리게 된다.

　스미토모 본사는 일본 정부의 기업 합병 촉진 요구에 따라 1944년 12
월, 계열의 건설·부동산 관계 모임사와 스미토모 본사 부동산과를 통합,
'스미토모 토지 공무'를 설립한다. 하세베·타케요시 건축 사무소도 그 안

에 통합되어, 타케코시는 스미토모 토지 공무의 전무, 하세베는 이사가 된다. 종전 선언 반년 전의 일로, 1945년 8월 일본은 종전을 맞이한다.

●⋯⋯ '일본 건설 산업'에서 '니켄세케이 공무'로

종전 후 GHQ(연합국군 최고사령관 총사령부)에 의해 재벌 해체가 진행되었고, 스미토모 토지 공무는 회사명에서 '스미토모'를 제외하기로 결정한다. 1945년 11월 '일본 건설 산업'으로 회사 이름을 바꾸고, 사업을 목적으로 하는 '상사'의 항목을 더해 새로운 시작을 알리며 다케코시가 사장으로, 하세베는 이사, 건축부장으로는 오자키가 취임하게 된다.

새로운 회사명인 '일본 건설 산업(日本建設産業)'은 '종전 직후 황폐화된 국토에 새로운 일본을 건설한다'는 의미다. 이미 눈치챘겠지만, '일본 건설 산업'의 앞 글자를 딴 약칭이 바로 지금의 '니켄(日建, NIKKEN)'이다.

일본 건설 산업으로 다시 시작하며 상사 부문을 추가할 것을 제안한 사람은 다케코시였다. 다케코시의 예상대로 상사 부문의 실적은 급속히 늘어났다. 그러나 건축 수요는 종전 후 금방 회복되지 않았고, 얼마간 큰 설계 일은 없었다. 사내에서는 성격이 다른 두 부문이 병존해야하는지 여부를 두고 논의가 시작되었고, '분리하는 것이 서로를 위한 길'이라는 결론에 이르게 된다.

회사 설립 후 약 5년이 지난 1950년 7월, 일본 건설 산업에서 건축 토목 부문을 분리하는 형태로 '니켄세케이 공무'가 탄생한다. 새롭게 탄생한 회사의 사장은 일본은행 출신인 오자키 큐스케였다. 사원 수는 본점(오사카 사무소) 60명, 도쿄 사무소 14명, 나고야 사무소 18명으로 하세베가 고문으로 임명되어 사원의 지도를 맡았다. 당시에는 모회사 격인 설계 부문이 따로 떨어져 나간다는 것을 그들도 납득할 수 없었을 테지만 결과적으로는 설계 사무소의 중립성이 명시되었고 훗날의 발전으로 이어졌다고도 볼 수 있을 것이다.

"1950년 7월 '니켄세케이 공무'의 탄생,
기이하게도 며칠 전 한국전쟁이 발발하다."

●⋯⋯ 타케코시, 스스로 회사를 떠나다

타케코시에게 무슨 일이 생겼던 것일까? 사실 타케코시는 GHQ(연합국군 최고사령관 총사령부)의 공직 추방령이 자신에게 미칠 것으로 생각해 1947년 일본 건설 산업을 떠난다. 종전이 선언되기 직전 잠시 동안 스미토모 토지 공무의 요직을 맡은 경력이 공직 추방령에 해당하는 것으로 간주되었던 것이다. 타케코시는 종전 후 소세이 타케코시 건축 사무소(현 소세이세케이)에서 활동하게 된다. 그리고 일본 건설 산업에 남은 상사 부문은 1952년 '스미토모 상사'가 된다.

타케코시의 뒤를 이어 전 스미토모 금속 공업 이사였던 토우지 슌야가 일본 건설 산업의 2대 사장으로 취임한다. '싸움꾼 타로'라고도 불렸던 타로가 스미토모 상사의 초대 사장이었고 스미토모 상사를 급속하게 확장시켰기에 그의 이름을 기억하는 사람이 많을 테지만, 그 포석을 마련한 것은 건축이 베이스였던 타케코시의 작품이었다.

●⋯⋯ 100명 남짓하던 직원 수가 10년 동안 500명 이상의 규모로 늘어나다

니켄세케이 공무의 이야기로 돌아가자. 1950년에 다시 새롭게 시작한 니켄세케이 공무는 매년 직원을 채용하였고, 발족 당시 100여 명 남짓이던 직원 수는 10년 후 500명을 넘어서게 되었다. 급증의 원인은 또 다른 전쟁, 즉 한국전쟁이었다. 한국전쟁은 니켄세케이 공무가 설립되기 며칠 전인 1950년 6월 25일에 발발했다. 하세베·다케코시 건축 사무소 때부터의 직원들은 큰 전쟁을 경험한 사람들이라 군수 관련 시설이나 공장 등에 정통하고 있었고, 그로 인해 1952년 주재 미군의 일본 건설 본부(JCA)와 계약을 맺고, 간사이 방면의 미군 시설 설계를 담당하게 되었다. 다른 한편으로는 한국전쟁으로 인해 일본 국내 경기에 특수가 일어 전쟁 중 화재로 소실된 건물들의 복구가 본격화되었다.

1950년대 후반에는 니켄세케이 공무의 기술력을 널리 알리게 되는 프로젝트들이 완성되었다. 그중 하나가 바로 1958년 12월 23일에 오픈한 '도쿄 타워'[9]다.

도쿄 타워의 정식 명칭은 '일본 전파탑'이다. NHK TV 실험국이 일본 최초로 텔레비전용 전파를 발신한 것이 1953년 2월로 그 후 몇 년 사이 전국적으로 텔레비전이 보급되었다. 도쿄 타워 건설 전, 방송 사업자는 각자 자신들의 전파탑으로부터 전파를 송출하고 있었지만, 안테나의 방향성이나 경관을 해치는 등의 문제가 제기되었고 그로 인해 전파탑을 일원화하자는 계획이 일었다. 그리고 1957년 일본 전파탑 주식회사가 설립되었다.

니켄세케이 공무는 일본 철탑 설계의 권위자인 나이토 다츄(와세다대학교 교수)의 설계 지도하에 이 시설의 기본 설계와 실시 설계를 담당하게 된다.

● ⋯⋯ 에펠탑 절반의 철골량

도쿄 타워 이전, 전파탑으로서의 역할을 충실히 담당했던 '나고야 테레비 탑' 역시 나이토 다츄의 작품이다. 일본 최초의 전파탑인 나고야 테레비 탑은 1954년에 완성되었다. 높이 180m로 당시 일본에서 제일

※9

도쿄 타워 (일본 전파탑)
1958년 도쿄

설계: 니켄 설계 공무(구조 설계 지도: 나이토 다츄), 시공: 다케나카 공무점. S조. 높이 333m
준공 시 세계 최고 높이의 자립 철탑. 컴퓨터 시대 이전이라 모든 계산은 계산기로 수행되었다. 풍속계, 지진
계 등이 설치되었고 이는 이후 고층 건축 설계에 귀중한 자료가 되었다.

높은 건물이었다. 당시에는 나이토 다츄 설계, 니켄세케이 공무 감리로 진행되었고, 몇 년 후 진행한 도쿄 타워는 설계자로 승격되었다. 니켄세케이 공무에서 도쿄 타워 설계의 중심이 된 것은 구조 설계자 카가이 요시였다.

도쿄 타워는 반경 100km 영역에 전파를 보내기 위해 에펠탑(1889년 완성) 높이 315m보다 높은 333m로 지어졌다. 또한 '도시에 생기는 높은 탑은 그 자체로 하나의 관광 시설이 된다'는 생각으로 전망대를 만들어 많은 사람의 눈을 즐겁게 하고, 탑 자체에도 도시미를 부여하도록 요구되었다.

도쿄 타워의 실루엣은 에펠탑과 매우 비슷하다. 하지만 결정적인 차이가 있는데 그것은 바로 부재의 '두께'이다. 종전 직후 10여 년간 힘들었던 경제 상황을 감안하여 바람이나 지진에 대해서는 충분한 안전을 확보하면서 경제적으로는 합리성을 추구한 결과 에펠탑의 강재 사용량이 7,300톤이었던 데 비해 도쿄 타워는 약 4,000톤의 강재를 사용했던 것이다. 사실상 절반에 가까운 45%가 줄어든 셈이다. 당시는 구조 계산에 컴퓨터가 아닌 계산기를 사용하던 시대로 이러한 경이적인 정확도는 현재의 컴퓨터에 의해 입증이 되었다.

"에펠탑 약 7,300톤, 도쿄 타워 약 4,000톤.
제철사의 '전로(轉爐) 공장'을 계속해서 설계하다."

1959년 니켄세케이 공무의 기술력을 알린 또 다른 프로젝트가 완성되었는데 그것은 바로 '하치만 제철소(현 일본제철) 도바타 전로 공장'※10이다. 도쿄 타워에 비하면 수수하지만 이 시설을 설계한 뒤 니켄세케이 공무는 국내 제철 회사의 전로 공장 대부분을 수주하게 된다.

전로(轉爐)란, 고로에서 제조된 용선을 용강에 정련하는 제강로를 말하며, 이 공정에서 탄소나 인 등 불순물을 선철로부터 제거한다. 술통이나 배와 같은 형상을 한 전로에 선철과 철 스크랩을 넣고 로(爐) 내에 고압으로 산소를 불어넣어 산화 반응을 일으켜 불순물을 제거하는 방식이다. 불순물의 함유량에 따라 강재의 강도 등이 좌우된다.

니켄세케이 공무는 '하치만 제철소 도바타 전로 공장'(1959년) 설계 이후, '후지 제철 무로란 제철소 전로 공장'(1963년), '고베 제강소 나다하마 제철소 철강 공장'(1963년), '야와타 제철소 사카이 제철소 전로 공장'(1965년), '스미토모 금속 공업 와카야마 제철소 전로 공장'(1965년), '일본 강관 후쿠야마 제철소 전로 공장'(1965년), '가와사키 제철 미즈시마 제철소 전로 공장'(1970년), '신일본 제철소 키미츠 제철소 전로 공장'(1970년), '스미토모 금속 공업 가시마 제철소 제1제강 공장'(1970년), '고베 제강소 가고가와 제철소 제강 공장'(1970년), '일본 강관 후쿠야마 제철소 제2연주 공장'(1971년), '신일본 제철소 키미츠 제철소 제1전로 연주 공장'(1971년), '신일본 제철소 키미츠 제철소 제2전로 공장'(1971년)', '신일본 제철 오이타 제철소 제1제강 공장'(1971년) 등 10년 사이 전국의 주요 전로 공장을 계속해서 설계하게 된다. (1970년 이후는 니켄세케이

하치만 제철소 도바타 전로 공장 (현 일본제철)
1959년 기타큐슈

설계: 니켄세케이 공무, 시공: 오바야시구미
S조. 지상 7층. 연면적 2만 1080㎡. 니켄세케이 공무가 최초로 설계한 전로 공장으로 국내 최초의 전로 공장
이기도 하다.

로 사명 변경.)

전시에 공장 시설의 설계 경험에서 배운 것은 대규모 공간을 합리적으로 만드는 노하우였다. 게다가 이 전로 공장에서는 또 다른 경험을 쌓을 수 있었는데, 앞에서 언급한 공장들 대부분이 초고층 빌딩과 맞먹는 60m를 넘는 높이로 거기서 사용되는 매우 얇은 강판의 용접성, 대형 부재를 세우는 방법이나 접합법 등의 기술은 타워(전파탑)에서의 기술과 함께 이후 초고층 건축에 임하는 기본 기술을 연마하는 절호의 기회가 되었다. 덧붙여 말하자면 도쿄 타워의 중심이 된 카가이 요시도 이후 적지 않은 제철소 설계를 담당했다.

●······ 초고층 빌딩도 잇따라 실현

'국내 최초 초고층 빌딩' 자리는 1968년 완성된 '카스미가세키 빌딩'(지상 36층, 설계: 미쓰이 부동산, 야마시타 타시로 설계 사무소)에 양보하는 모양이 되었지만, 곧이어 1969년 니켄세케이 공무가 설계한 '고베 상공무역센터'[11]가 완공되었다. 바로 뒤이어 1970년에는 하마마츠초에 '세계 무역센터 빌딩'[12](지상 40층, 무토 연구실과 공동 설계)이 완공되었다. 이 빌딩의 높이는 163m로 완성 시점 카스미가세키 빌딩의 높이 147m를 뛰어 넘어 일본 최고 높이의 빌딩이 되었다.

1950년대부터 이어진 니켄세케이 공무의 확대일로는 60년대 말 직

※11

고베 상공 무역센터
1969년

설계: 니켄세케이 공무, 시공: 카지마 건설

SRC조, S조. 지하 2층, 지상 26층. 건축 높이 107m. 연면적 5만 368㎡. 니켄세케이 공무가 설계한 초고층 빌딩 제1호. 도로에 면한 고층 건물을 45도로 틀어서 인상적으로 보이도록 만들었다.

※12

세계 무역센터 빌딩
1970년 도쿄

설계: 니켄세케이 공무 (구조 설계: 무토 구조 역학 연구소), 시공: 카지마 건설
SRC조, 지하 3층, 지상 40층. 건축 높이 125m. 준공 시점 일본 최고 높이.

원 수 1,000명 규모의 설계 사무소로 방점을 찍게 된다.

●⋯⋯ 산아이 드림 센터에서 디자인 회사의 명성을 되찾다

설립 이후 10년간 니켄세케이 공무에 대한 평가는 분명 '기술'에 대한 기대였다고 할 수 있다. 출발점이 되는 스미토모 본점 임시 건축부로부터 공작부 시대는 어느 쪽이라도 디자인성이 높게 평가되었지만, 전시와 종전 후의 부흥기에는 엔지니어링에 대한 요구가 높아지고 있었다. 그러나 종전 후 10년 사이 니켄세케이 공무에서는 새로운 디자인을 담당하는 두 명의 인재가 성장하고 있었다.

니켄세케이 공무 설립 1년 후인 1951년 4월, 미나이 키미아키 외 총 8명이 신입사원 1기생으로서 니켄세케이에 입사하게 되고 2년 뒤에는 하야시 쇼지 등이 입사한다. 미나이는 와세다 건축학과 출신, 하야시는 도쿄공업대학 건축학과 출신이다.

건축 미디어의 주목을 먼저 받은 사람은 후배인 하야시였다. 도쿄 사무소에 속한 하야시가 중심이 되어 1963년에 완성한 투명한 유리로 덮인 원통형 상업 시설 '산아이 드림 센터'※13 덕분이었다.

원의 중앙에 서 있는 철골 철근 콘크리트조의 코어(구조 골조의 핵심이 되는 부분)로부터 외측을 향해 도넛 형태와 같이 콘크리트의 바닥을 돌출시켜 그 선단이 휘지 않도록 외주에 감은 강선으로 압축력을 가하고

※13

산아이 드림 센터
1963년 도쿄

설계: 니켄세케이 공무. 시공: (주)다케나카 공무점
원통형 코어 주위에 공장에서 제작된 도넛형 PS 콘크리트 바닥판이 위에서 아래로 순서대로 리프트 업 되었다.

있다. 니켄세케이 공무다운 기술력을 뒷받침한 건물임과 동시에 투명감이 넘치는 외관은 누가 봐도 한눈에 기억하도록 설계되어 있다. 지금도 긴자의 랜드마크로서 사랑받는 이 빌딩이 약 60년 전에 만들어진 것이라고는 쉽게 믿어지지 않는다.

●······ 건축 미디어가 주목한 두 사람 미나이와 하야시

1966년, 건축 미디어의 눈이 다시 한번 니켄세케이 공무로 집중된다. 이 해에 오사카 사무소의 미나이가 중심이 되어 설계한 '114 빌딩'과 도쿄 사무소의 하야시가 중심이 되어 설계한 '팔레스 사이드 빌딩'이 완성되었기 때문이다.

'114 빌딩※14의 부지는 다카마쓰의 중심부, 다카마쓰 항에서 리츠린 공원으로 뻗어 있는 중앙 도로에 면해 있다. 지상 16층, 건물 높이 54m로 준공 당시 서일본에서 가장 높은 빌딩이었다.

건물 높이 이상으로 충격적인 것은 디자인이었다. 이제까지 수많은 은행 건물을 설계해 온 니켄세케이 공무였지만, 이 빌딩은 그들과는 디자인의 방향성이 전혀 달랐다. 본관의 고층부는 남북에 큰 오픈부를 두고 동서면을 벽으로 설계했는데 당시 은행들은 외벽에 돌 마감을 하는 것이 일반적이었지만, 여기에서는 동(브론즈)판으로 외벽을 뒤덮었다. 당시 미나이는 "재료의 변화에 세월을 아름다움을 더해 가는 거대한 벽"

※14

114 빌딩
1966년 다카마쓰

설계: 니켄세케이 공무, 시공: 다케나카 공무점
지하 2층, 지상 16층. 114 은행 본점 상층부에 테넌트 빌딩을 설계.

을 의도했다고 설명하고 있다. 동판으로 마감한 벽은 반세기가 지난 지금도 그대로이다. 설계자의 의도대로 세월의 깊이를 더한 지금은 청록색을 띠고 있다.

다른 한편 하야시가 중심이 되어 설계한 '팔레스 사이드 빌딩'※15은 황궁의 해자 끝에 서 있고, 그 바닥 면적이 약 12만㎡나 되는 대형 복합 건축이다. 2층부터 위로는 마이니치 신문사, 그 외의 오피스 플로어, 1층과 지하 1층은 음식점이 늘어서 있는 쇼핑 아케이드, 지하층은 한때 마이니치 신문사의 인쇄 공장이었다. (현재는 다른 인쇄 회사가 테넌트로 입주해 있다.)

이제까지 대형 오피스 빌딩에서는 '센터코어'가 일반 상식이었다. '코어'란 계단·엘리베이터·기계실 등을 담은 구조적으로 핵이 되는 부분을 말하는데 팔레스 사이드 빌딩은 코어를 건물의 중심이 아니라 부지에 맞추어 건물 끝에 배치함으로써 새로운 대형 오피스 평면을 탄생시켰다. 이후 니켄세케이는 장스팬 구조의 오피스 평면을 주특기로 하는 선구자가 되었다.

2개의 원통형 코어와 함께 또 하나 인상적인 외관은 장변 측으로 만들어진 파사드다. 큰 유리면의 바깥쪽에 알루미늄 캐스트로 만들어진 수평 루버가 튀어 나와 있고, 그 위에 교차하는 파이프가 있는데 이 파이프는 빗물을 떨어뜨리는 우수관이다. 미나이가 시간의 흐름을 디자인에 도입했다면, 하야시는 날씨의 변화를 디자인에 도입했다고나 할까.

※15

팔레스 사이드 빌딩
1966년 도쿄

설계: 니켄세케이 공무, 시공: 다케나카 공무점 · 오바야시구미 JV
지하 6층, 지상 9층. 연면적 11만 9700㎡의 대규모 복합 건축.

●······ 오랫동안 이어진 '오사카의 미나이, 도쿄의 하야시' 시대

큰 조직 안에서 강한 개성이 탄생한 배경에는 1962년에 시작된 프로젝트 매니저 제도가 큰 몫을 담당했다. 건축주를 대응하는 창구인 '계획 담당(계획 부장)'을 임명하여 프로젝트 책임자를 명확히 한 것이다. 30대 중반에 프로젝트 매니저로 선발된 미나이와 하야시는 그 능력을 어김없이 발휘했다. 그래서 건축 미디어는 자연스레 그들을 '오사카의 미나이, 도쿄의 하야시'라고 나란히 부르게 된다.

창립 20주년을 맞이한 1970년, 니켄세케이 공무는 회사명에서 '공무'를 제외하고 니켄세케이로 새롭게 태어난다. 전신인 스미토모 본점 임시 건축부의 발족(1900년)으로부터 70년이 지난 해였다.

70년대부터 90년대 중반까지의 반세기는 미나이와 하야시가 니켄세케이를 끌고 왔다고 해도 과언이 아니다. 미나이가 이끄는 오사카 사무소는 금융 관련 시설을 많이 설계하면서도 한편으로 도시적 규모의 프로젝트도 개척해 나갔다.

금융 시설과 관련해서는 1장에서 설명한 '산와은행 본점'(1973년) 외에 '16은행 본점'(1977년), '교토은행협회회관'(1977년) 등이 있고, 도시적 규모의 프로젝트로는 오사카의 신도심, '오사카 비즈니스 파크(OBP)'의 마스터플랜 계획에 참여해 그 핵이 되는 트윈 타워 '트윈21'[※16](1986년) 등을 설계의 중심이 되어 진행했다.

OBP는 1969년에 미나이가 다케나카 공무점 및 건축가인 마키히

※16

트윈 21
1986년 오사카

디자인: 니켄세케이. 시공: 타이세이건설(주), (주)오바야시구미, (주)다케나카 공무점, 카지마 건설(주), 시미즈 건설(주), (주)구마가야구미, (주)오쿠무라구미, (주)코노이케구미, 니시마츠 건설(주)

오사카성 옆, 오사카 포병 공창이 있던 장소가 '오사카 비즈니스 파크(OBP)'로 정비되었다. 니켄세케이는 미나이 키미아키가 사장이 되기 전부터 오사카에는 북측과 남측에 더해 동측의 상징이 필요하다고 오사카시에 제안하고 있었다. 1976년에 OBP 사업이 시작, 1986년에 완성된 트윈 21은 그 핵심이 된 프로젝트로 미나이가 직접 설계의 중심이 되었다. 트윈 타워 사이에는 자연광 넘치는 아트리움이 있다.

코와 공동으로 제안한 계획을 기반한 것으로 전체 모습이 완성되기까지 약 20년이 소요됐지만, 완성이 되자 '민간 사업자의 능력 활용'의 모델 프로젝트로 자리매김했다. 그 계획이 실현되는 과정에서 미나이는 1983년 사장으로 취임하게 된다.

한편 하야시는 상업 시설부터 문화 시설, 그리고 오피스까지 폭넓게 설계에 참여했는데, '오사카 만국 박람회 리코관'(1970년), '폴라 고탄다 빌딩'(1971년), '나카노 선 플라자'(1973년), '이토 츄 상사 도쿄 본사 빌딩'(1980년), '신주쿠NS 빌딩'(1982년), '다이쇼 해상 본사 빌딩(현 미츠이 스미토모 해상 스루가다이 빌딩)'(1984년), 'NEC 슈퍼 타워(일본 전기 본사 빌딩)'(1990년), '분쿄 시빅 센터'(1994년) 등이 그 결과물이다.

하야시가 1980년 니켄세케이의 부사장이 되고 미나이가 1983년에 사장으로 취임한 이후 10년간 '미나이 사장, 하야시 부사장'의 시대가 이어졌다.

●······ 그 이후로도 유명한 건축이 줄줄이

물론 하야시나 미나이가 담당하지 않은 프로젝트 중에서도 이름만 대면 알 만한 건축이 너무나 많다. 예를 들면 1970년대~1990년대에는 다음과 같은 건축이 니켄세케이 설계로 완성되었다.

1972년	'NHK 홀'
1974년	'신주쿠 스미토모 빌딩'
1983년	'오사카성 홀'
1986년	'오사카 시청사'
1988년	'소닉 시티', '도쿄 돔'※17(다케나카 공무점과 공동 설계)
1989년	'후쿠오카 타워'
1991년	'메구로 가조엔'
1992년	'신도쿄 국제공항(나리타 공항) 제2여객터미널 빌딩'(아즈사 설계와 공동 설계), '세이로가 국제병원'
1994년	'간사이 국제공항 여객터미널 빌딩'(공동 설계: 렌조 피아노 빌딩 워크숍 재팬, 파리 공항 공단, 일본 공항 컨설턴트)
1995년	'오사카 월드 트레이드 센터 빌딩'
1996년	'슈퍼 카미오 칸데'※18
1997년	'퀸즈 스퀘어 요코하마'(미츠비시지쇼 [현 미츠비시지쇼 설계]와 공동 개발)
2000년	'사이타마 슈퍼 아레나'(설계: MAS/2000설계실/ 대표: 니켄세케이), '중국은행 상하이 빌딩'(상해, 상하이 건축 설계 연구원과의 공동 설계)

※17

도쿄 돔
1988년 도쿄

디자인: 니켄세케이, 다케나카 공무점

구 고라쿠엔 야구장의 노후화에 따라 구 경륜장 터에 계획되었다. 구조 방식은 철골 트러스 쉘, 대형 스페이스 프레임 등 여러 가지가 검토되었지만, 최종적으로 "실내 공간이 스포츠 관전에는 최적"이라고 판단한 도쿄 돔 사장의 의견에 따라 '에어 돔'으로 결정되었다. 당시 가이버거사와 공기막 구조의 기술 제휴를 맺고 있던 다케나카 공무점이 공동 설계실을 구성, 에어 돔으로 선행한 북미에 비해 2배 정도의 풍하중을 상정해 설계했다.

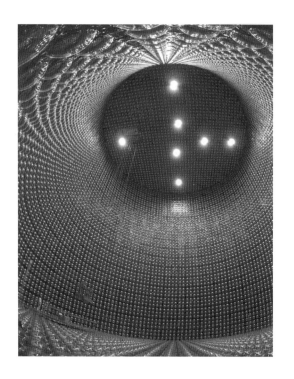

※18

슈퍼 카미오 칸데
1996년 기후현

디자인: 니켄세케이. 시공: 미쓰이 금속 광업

카미오카 광산의 내부, 지하 1,000m에 만들어진 세계 최대의 우주 중성미자 관측 장치로 정식 명칭은 '대형 물(水) 체렌코프 우주 소립자 관측 장치'이다. 1998년, 이 시설을 통해 중성미자에 질량이 있는 것이 관측되었다.

계속해서 21세기 니켄세케이의 건축물도 살펴보자.

2001년 : '하루미 아일랜드 트리톤 스퀘어'

2002년 : '이즈미 가든'

2004년 : '중부국제공항 여객터미널 빌딩', '오사카 증권 거래소 빌

딩'(미쓰비시지쇼 설계와의 공동 설계)

2005년 : '교토 영빈관'

2007년 : '도쿄 미드타운'(공동 설계: Skidmore, Owings & Merrill

LLP, 아오키 준 건축 설계 사무실, 사카쿠라 건축 연구소, 쿠마 켄

고 건축 도시 설계 사무소, Communication Arts, Inc., 안도 다

다오 건축 연구소와 공동 설계)

2008년 : '모드 학원 스파이럴 타워'[19]

2012년 : '도쿄 스카이트리'[20],

'시부야 히카리에'(도큐 설계 컨설턴트와의 공동 설계)

2013년 : '그랜드 프론트 오사카'(공동 설계: 미쓰비시지쇼 설계, NTT

퍼실리티즈, 다케나카 공무점, 오바야시구미, 안도 다다오 건축 연

구소), '도쿄역 그랜드 루프'(JR 동일본 건축 설계 사무소와의

공동 설계, 디자인 아키텍트는 헬무트 얀)

2016년 : '토요스 시장', '쑤저우 현대 미디어 플라자'(중국 쑤조우, Art

Group의 공동 설계)

2017년 : '나카노시마 페스티벌 타워'

※19

모드 학원 스파이럴 타워
2008년 나고야

디자인: 니켄세케이, 시공: (주)오바야시구미
나고야 역 앞에 있는 스파이럴형 초고층 빌딩. 3개의 전문학교를 집약하는 학교 건물이다.

※20

도쿄 스카이트리
2012년 도쿄

디자인: 니켄세케이, 시공: 오바야시구미
높이 634m. 중앙부에 '심주(心柱) 제진'을 채용.

2019년	'시부야 스크램블 스퀘어 제Ⅰ기(동측 동)'(쿠마켄고 건축 도시 설계 사무소와의 공동 설계),
	'아리아케 체조 경기장'[21](시미즈 건설과의 공동 설계)
2020년	'신주쿠 스미토모 빌딩·삼각 광장'(다이세이 건설과의 공동 설계), 'MIYASHITA PARK'(다케나카 공무점과의 공동 설계)

1990년대에 들어서면서, 1981년에 입사한 카와시마 카츠야(현 부회장)와 카메이 타다오(현 회장)가 두각을 드러내기 시작한다. 그에 더해 21세기에 들어서는 야마나시 토모히코와 오타니 히로아키(모두 1986년 입사), 중국 프로젝트를 총괄하는 로우(1994년 입사) 등이 새로운 얼굴이 되어 니켄세케이의 새로운 시대를 개척해 간다.

여기까지 니켄세케이의 120년 역사를 대략적으로 훑어 보았으니 이제 본격적으로 디자인 전략 이야기로 돌아가 보자.

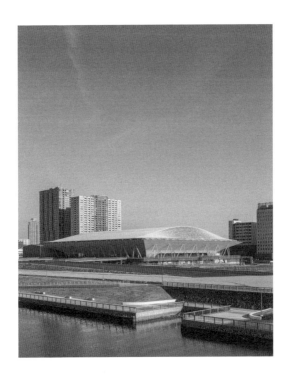

※21

아리아케 체조 경기장
2019년 도쿄

설계: 니켄세케이 (기본 설계·실시 설계 감수), 사이토 마사오 일본대학 명예교수 (실시 설계 기술지도),
시미즈건설 (실시 설계·시공).
지붕 구조에 국산 낙엽송의 타원형 집성재를 사용
목조 빔의 스팬은 약 90m에 이르며, 목조 빔으로서는 세계 최대급. 2020 도쿄 올림픽 · 패럴림픽을 위해 만
들어져 폐막 후 전시장으로 활용되고 있다.

3장

디자인 회의 발족,
굳이 '듣기 싫은'
외부의 목소리를 듣다

나중에 디자인 회의 멤버로 참가하게 되는 오사카 사무소의 키타 치카라(설계 부문 디렉터)는 2019년의 어느 날, 선배이자 동경의 대상이었던 두 사람의 얼굴을 떠올리며 이렇게 생각했다.

'그 누구보다 조직에 속박되는 것을 싫어하는 두 사람이 디자인 전략을 결정하는 리더로 선정되다니!'

이와 같은 생각을 한 직원이 한둘이 아니었을 것이다. 여기서 말하는 두 사람은 바로 최고디자인책임자로 임명된 야마나시 토모히코와 오타니 히로아키다. 오타니는 이렇게 기억한다.

"야마나시와 둘이서 디자인 전략을 만들었다 하더라도, 아무도 이것을 납득하지 않은 채로 끝날 것이라는 확신이 있었습니다. 왜냐하면 우리가 젊었던 시절을 돌아보면, 윗선에서 디자인 전략을 만들어서 사원에게 발표했다고 한들 지금의 우리 두 명은 절대로 받아들이지 않았을 테니까요. 누군가가 만든 룰을 따르라고 강요하는 것만큼 싫은 것도 없습니다. 그 룰을 따르느니 차라리 죽는게 나을 만큼 싫습니다. (웃음)"

한편 야마나시는 이렇게 회상한다.

"카메이 사장(현 회장)에게 '정말 전략인가요?'라고 되물을 정도로 처음에는 저항감이 컸습니다. 힘든 일을 괜히 하겠다고 나섰구나 생각했습니다. 오타니와 함께 좋은 디자인을 만들어 가자는 취지는 이해하지만 이것은 전쟁이 아니니까, 적어도 '전략'이 아닌, 굳이 만들자면 '가이드라인' 같은 게 아니었을까요?"

●⋯⋯ 서로의 디자인을 말하지 않는 전통

그렇다고 해도 두 사람 모두 디자인에 대해 논의할 필요가 있다는 데
는 강하게 동의하고 있었다. 그렇게 생각한 이유는 '서로의 디자인에 대
한 이야기는 하려고 하지 않는', 니켄세케이의 근본에 자리 잡고 있는
전통이라고 하는 것에서 오는 위화감 때문이었다. 오타니는 이렇게 말
한다.

"사석에서도 회의 자리에서도 디자인에 관한 이야기는 하지 않지만
엔지니어링 및 해결책에 관해서는 이야기를 나누었습니다. 이런 문화
에 대해 입사했을 때부터 조금 특이하다고 생각했고 무언가 찜찜함을
느끼고 있었습니다. 디자인에 관한 이야기를 주고받는 것이 조금 낯간
지럽다고 느껴서 그랬을지도 모르지만 건축이라는 것은 사회에 감동을
주지 않으면 존재 의의가 없습니다. 고객의 요구만 반영한 모범형 오피
스 빌딩은 견딜 수가 없습니다. 반드시 돌파해야 할 '공간으로서의 과제'
가 있고, 그것을 돌파하지 않으면 건축이라고 말할 수 없습니다."

한편 야마나시는 이렇게 말한다.

"전통적으로 디자인에 대해 서로 이야기를 나누지 않는다는 것은 논
의의 테마로 삼지 않겠다는 것입니다. 그러나 서로 디자인을 이야기하
지 않고서 어떻게 발전이 있을 수 있을까 하는 생각을 계속 하고 있었습
니다. 사실 엔지니어링보다 더 앞에 있는 것이 디자인이니까요."

"누군가가 만든 룰을 따르라고
강요하는 것만큼 싫은 것도 없다.
그 룰을 따르느니 차라리 죽는 게 나을 만큼 싫다."

- 오타니

그리고 야마나시는 지금까지도 카메이로부터 자주 이런 이야기를 듣고 있었다.

"최근 디자인은 무언가 임팩트가 없습니다. '다양성'은 이해하지만, 거기에서 '니켄다움'을 느낄 수 없다면 그것이 과연 좋은 것일까요?"

이 말에는 야마나시도 공감하고 있었다.

"한편으로는 젊은 직원들에게서 니켄세케이가 목표로 하는 디자인 방향성을 모르겠다고 하는 이야기도 들려옵니다. 저 역시 슬슬 회사가 디자인에 대해 진지하게 생각해야 할 시기라는 것을 느끼고 있었습니다. 하지만 그것을 제가 맡아야 한다는 데 대해서는 사실 꽤 거부감이 있었습니다."

야마나시는 웃으며 말했다.

야마나시도, 오타니도, "니켄세케이는 큰 조직이라고는 믿어지지 않을 만큼 모두가 속박되는 것을 싫어하는 사람들이 모여 있습니다"라고 입을 모아 말한다. 그런 성향을 가진 조직이 나아가야 할 방향을 단 두 사람이 전략을 세워 발표한다고 하는 선택지는 있을 수 없었다. 그렇다면 어떻게 이 논의를 끌어갈 것인가?

먼저 전략을 세우기 위한 방법을 논의하는 '디자인 회의'를 마련하기로 결정했고, 2020년 1월 27일 첫 번째 회의가 니켄세케이 도쿄 본사 회의실에서 열렸다. 회의에 참석한 사람들은 아래와 같다. (입사 연도순, 직함은 2021년 7월 현재.)

- 코우노 토시히코 (펠로우 임원 엔지니어링 펠로우, 1987년 입사)
- 스기우라 시게키 (집행 임원 엔지니어링 부문 구조 설계 그룹 총괄, 1991년 입사)
- 세키네 마사후미(엔지니어링 부문 설비 설계 그룹 시니어 디렉터, 1991년 입사)
- 오쿠모리 키요요시(이사 상무 집행 임원 도시 부문 총괄, 1992년 입사)
- 미즈이데 키타로 (집행 임원 엔지니어링 부문 설비 설계 그룹 총괄, 1994년 입사)

- 타사카 마사노리 (설계 부문 통괄실 실장/신영역 개척 부문 통괄실 실장, 1994년 입사)

설계 부문뿐 아니라 구조·설비 등 엔지니어링 부문, 도시 부문에서도 멤버를 선정했다. 그리고 나중에 비교적 젊은층의 설계멤버 4명도 회의에 참여하게 된다.

- 키타 치카라(설계 부문 디렉터, 1992년 입사)
- 카츠야 타케유키(설계 부문/신영역 개척 부문 NAD 디렉터, 2000년 입사)
- 정병균(설계 부문 디렉터, 2004년 입사)
- 야노 마사노리(설계 부문 디렉터, 2006년 입사)

"회사가 디자인에 대해 진지하게 생각해야 할
시기라는 것을 느끼고 있었다."

_ 야마나시

●······ '전략'이 아닌 '비전'으로

야마나시와 오타니는 니켄세케이 창설 120주년이 되는 2020년 연내에 디자인 전략을 정리하기로 정하고, 위 멤버로 월 2회 정도 회의를 진행하기로 결정한다. 그리고 이 논의를 최소 1년 안에 마친다는 군건한 각오를 다진다. 필자는 이 회의와 사내에서의 논의 과정을 약 1년에 걸쳐 방청했다.

두 사람은 '전략'이라는 말에 회의 멤버 모두가 거부 반응을 보일 거라고 생각했고 '디자인 비전'이라는 주제로 논의를 시작했다. 그럼에도 처음 몇 번의 회의는 전혀 진척이 없다고 느껴졌다. 니켄세케이 디자인 평가 축, 평가 기준이 보이지 않는다는 목소리가 젊은 직원들로부터 들려왔다.

"회사의 규모가 커져 니켄세케이로 수렴되는 명문화된 명확한 지표가 필요할지도 모른다."

"한편으로는 다양성 시대인 지금 디자인 폭을 비전이나 평가 기준으로 묶어 버려도 괜찮을 것인가?"

"디자인에 관심이 많은 직원은 내버려 두어도 괜찮다. 디자인 비전은 평균적인 질을 향상시키기 위해 필요한 것이 아닐까?"

"평균적인 디자인의 퀄리티를 올리는 방침을 '비전'이라고 자랑스럽게 내거는 것이 과연 괜찮은 것인가?"

"디자인의 범위를 더 넓혀 '넓은 의미의 디자인'에 대한 것이라고 파악하면, 넓고 보편적인 비전을 그릴 수 있을지도 모르겠다."

"넓은 의미의 디자인 비전 논의는 선문답인 것 같고, 모호해질 수 있다. 니켄이라는 건축을 만드는 회사에는 '직접적인 의미의 디자인'에 대한 비전이 필요한 것 아닐까?"

"넓은 의미의 디자인 비전과 직접적인 의미의 디자인 비전을 모두 설정하면 어떨까?"

"무엇을 위해 디자인 비전을 만드는지, 무엇이 필요한 것인지를 공유하는 게 먼저 아닐까?"

그렇다. 두 사람이 말한 '속박되는 게 그 무엇보다 싫은 집단'이라는 말의 의미가 고스란히 드러나는 회의였다. 몇 번이고 계속된 회의 끝에 겨우 도출된 방향성이 과연 니켄세케이답다.

'우리가 논의한 것을 밀어붙이는 것이 아니라, 전 직원의 논의 중에서 디자인 비전을 도출해야 한다.'

> "평균적인 디자인의 질을 올리는 방침을
> '비전'이라고 자랑스럽게 내거는 것이
> 과연 괜찮은 것인가?"

●⋯⋯ 코로나가 전 직원을 모으다

다섯 번째(3월 하순) 이후의 회의는 어떻게 하면 '전 직원이 논의에 참여할 수 있을까'로 논점이 옮겨 갔다.

한때 직원 수 약 1,000명의 출판사에 근무했던 필자의 경험으로 보면, 2,000명 규모의 조직에서 '전원이 참여하여 논의를 통해 디자인 비전을 정한다'는 발상은 상식의 범위를 넘어선 것이었다. 설령 '전원이 참여'한다 해도 초안을 준비해 모두에게 승인을 받는 식이 될 거라고 예상하고 있었다. 그러나 그 생각은 보기 좋게 빗나갔다.

전원이 참여하는 논의 방식에 대해 여러 차례 논의가 진행되던 두 달 사이, 사회에 큰 변화가 일어났다. 바로 신종 코로나바이러스 감염증(Covid-19)의 확산이었다.

2020년 2월 하순경부터 국내 감염자가 증가하기 시작해, 2020년 4월 7일 도쿄, 가나가와, 사이타마, 치바, 오사카, 효고, 후쿠오카 등 7개 도시에 긴급 사태가 발령되었고 그로 인해 '텔레워크'나 '원격 화상회의'가 보편화되자 니켄세케이도 원격으로 디자인 회의를 진행하게 된다. 텔레워크가 기본이 되자 모든 직원이 필연적으로 인트라넷(사내 네트워크)에 접속할 기회가 늘어났고 디자인 비전에 대해서도 인트라넷을 통해 전체의 의견을 모을 수 있게 되었다.

●······ 비전을 3중 구성으로

인트라넷의 게시판 기능을 사용해 '니켄 디자인 히로바(인터넷 사내 커뮤니티)'를 마련하는 방안이 결정되었다. 한편 '니켄 디자인 히로바'의 디자인 비전 베이스를 어떻게 제시할 것인가에 대한 열띤 논의도 이어졌다.

니켄 디자인 히로바에서 비전의 구체적인 예를 보여 주면 논의는 거기에 휩쓸려 버린다. 모두가 그것만은 피하고 싶었다. 게다가 카메이 회장(당시는 사장)으로부터는 "니켄세케이뿐 아니라, 니켄 그룹 전체의 의견을 듣고, 그것을 그룹 전체의 디자인 비전으로 정리하고 싶다"는 의향이 다시 한번 전해졌다.

"전 직원의 논의 중에서 디자인 비전을 도출해야 한다"

구체적인 예를 만들지 말고, 그룹 사원 전체가 의견을 말할 수 있는 큰 프레임을 어떻게 만들면 좋을까? 논의는 점차 이러한 방향으로 집약되어 갔다.

- 비전을 3중으로 구성한다.
- 첫 번째 레이어 '디자인 비전'은 니켄 그룹 전체를 관통하고 장기적으로 흔들림 없는 이념으로 정한다.
- 두 번째 레이어 '디자인 골즈'는 다양성을 내포한 디자인으로, 나아

가야 할 구체적인 목표를 세운다. 5년을 마일스톤으로 매년 재검 토하여 궤도 수정을 도모한다.

• 세 번째 레이어 '디자인 챌린지'는 프로젝트마다 정하는 목표로 한다.

즉, 개개인에게 보다 친밀한 '골즈'나 '챌린지'를 던져 주고, 그것으로 부터 '비전'을 끌어내고자 한 것이다. 한층 더 깊게 논의를 진행하는 가운데, '비전'의 설정은 서두르지 않고, 우선 '골즈'나 '챌린지'를 정하자는 방향으로 이야기는 흘러가고 있었다.

●⋯⋯ 사외 인터뷰로부터 '니켄 디자인 히로바 (인터넷 사내 커뮤니티)'로 유도

전 직원을 논의에 끌어들이기 위한 장치 만들기도 진행되었다. 텔레 워크가 당연해졌다고 해서 아무것도 없는 인터넷 커뮤니티에 모두가 찾아와 의견을 남길 리는 없었다. 따라서 디자인 회의에서는 이런 청사 진을 그리고 있었다.

• 2020년 5월 인트라넷에 '니켄 디자인 히로바'를 만든다.
• 두 명의 CDO로부터 그룹의 전 직원에게 메일을 보내고 디자인 비전(3중 구성안)에 대해 각자 생각하는 바를 작성하여 제출하게 한다.

- 토론에 대한 관심을 높이기 위해 여러 명의 사외 인터뷰 기사를 게재한다.
- 10월경에 대화의 장소로 '디자인 이벤트'를 개최해 방향성이 공유되고 있는지 확인한다.
- 10월부터 11월 초순에 걸쳐 구체적인 비전을 정리한다.

"비전을 3중 구성으로.
두 번째 레이어의 'Golas'는 매년 재검토한다."

●⋯⋯ 굳이 듣기 싫은 이야기를 듣다

그동안 참관인으로서 회의에 참여했던 필자는 '니켄 디자인 히로바'에 게재하기 위한 인터뷰 진행과 기사 집필을 담당하게 되었다. 디자인 회의에서는 이런 논의도 있었다.

"비전을 생각한다면 지금, 니켄세케이가 밖에서 어떻게 보이고 있는지를 아는 것도 중요하다."
"듣기 좋은 이야기만 듣는 것이 논의를 하는 계기가 되지는 않는다."
"듣기 거북한 이야기를 해 줄 것 같은 사람에게 이야기를 들어보자."

사외 인터뷰에 협력해 준 사람은 10명. 그 어떤 인터뷰도 그대로 잡지에 게재되어도 좋을 만큼 자극적인 내용들이었다. 그중 3명의 인터뷰를 여기에 소개한다.

사외 인터뷰 ❶

▪ '용적'을 떠나 건축을 다시 '종합예술'로

사이토 세이치 (1975년생 가나가와 출신)

크리에이티브 디렉터 파노라마틱스 주재(인터뷰 당시는 라이조매틱스 아키텍처. 인터뷰는 2020년 6월 17일에 온라인으로 실시).
도쿄이과대학 이공학부 건축학과 졸업. 건축 디자인을 컬럼비아 대학 건축학과(MSAAD)에서 배우고, 2000년부터 뉴욕에서 활동을 개시. Omnicom Group 산하의 Arnell Group에서 크리에이티브직으로 일하고, 2003년의 아트 비엔날레에서 아티스트 선출을 계기로 귀국. 프리랜서 크리에이터로서 활약 후, 2006년 주식회사 라이조매틱스(현 주식회사 압스트랙트 엔진) 설립. 2016년부터 Rhizomatiks Architecture를 주재해, 2020년 조직 변경에 의해 Panoramatiks로 개정한다. 현재는 행정이나 기업 등의 기획이나 구현 어드바이저도 다수 실시.

Q 도쿄 이과 대학과 컬럼비아 대학에서 건축을 배우셨는데, 니켄세케이에 취직해야겠다고 생각한 적은 없습니까?

A 제가 뉴욕에 있을 때 911(미국 동시 다발 테러 사건, 2001년)이 일어났고, 건축에 싫증이 나서 건축을 그만둔 사람 중에 한 명입니다. 니켄세케이뿐 아니라 건축 분야로 취직하는 것은 전혀 생각하지 않았습니다.

Q 니켄세케이의 '디자인 전략'에 관해 인터뷰하게 되었는데 어떤

느낌입니까?

A 글쎄요. 옆에서 보고 있는 입장에서 여러 가지로 힘들겠구나 생각했습니다. (웃음) 저도 4년 전부터 프로젝션 맵핑 등으로 건축하는 분들께 일을 받고 있습니다. 그 일을 하다 보니 점점 도시 개발과 같은 일도 늘어나게 되었습니다.

Q 니켄세케이가 디자인 전략을 만들 것이라는 이야기를 듣고 무슨 생각을 하셨습니까?

A 저는 니켄세케이에는 이미 디자인 전략이 있을 거라고 생각하고 있었습니다. 그런데 올해 디자인 전략을 만들 것이라는 이야기를 듣고 만약 이제까지 없었다면 만드는 것이 좋다고 생각했습니다.

▪ 데이터 분석에서 본 '니켄다움'

Q 니켄세케이라는 회사를 어떻게 보십니까?

A 니켄세케이의 구조는 매우 훌륭하다고 생각하고 있습니다. 아, 여기서 구조는 건축의 '구조 설계'가 아니라, 조직의 구조를 말합니다. 하나는 니켄세케이 종합 연구소(NSRI)와 같은 데이터 분석 부문을 통해 전략을 세우고 있는 것입니다. 그리고 디지털 디자인에 대한 대처도 비교적 빨랐다는 인상을 가지고 있습니다. 그런 것들을 큰 설계 조직 중에서도 앞장서서 해나가고 있다는 것이 대단합니다.

※22

Camp Nou 계획
2025년 완성 예정. 스페인 바르셀로나

축구의 성지, 캄푸누의 대규모 리노베이션 작업으로 2016년에 콘페에서 니켄세케이가 당선되었다. '소시오' 라고 불리는 팬들에 의해 운영되고 있는 FC 바르셀로나의 민주성을 외주부 전체에 걸쳐 거대한 차양에 덮인 콘코스 테라스로 표현했다. 외장을 없앰으로써 콘코스에 서는 관객 자신이 도시의 풍경이 되도록 계획했다.

그리고 진행 중인 프로젝트에 대해 말하자면, 'Camp Nou'※22를 설계하는 것이 일본인으로서 매우 자랑스럽고 훌륭하다고 생각합니다.

설계에 관한 연구소로 말하면 모리 미노루(모리 빌딩 초대 사장, 1934년~2012년)가 만든 모리 기념 재단에서도 여러 가지 연구를 진행하고 있습니다. 예를 들어 롯폰기 힐즈를 만들 당시 브루스 마우(캐나다의 디자이너, 1959년~)와 함께 만든 책(『New Tokyo life style think zone』)을 가지고 있습니다. 지금 봐도 아주 잘 만들어진 책입니다. 환경 이야기라든지, 에너지 이야기라든지, 재해에 관한 이야기까지 데이터로부터 분석해 나가는 것이 건축 분야에서는 단연 명강의라고 생각합니다. 그런 분석을 하지 않으면 감각론으로 밖에 말할 수 없습니다.

Q 데이터 분석에서 본 '니켄다움'을 나타내는 프로젝트로는 어떤 것이 떠오릅니까?

A 역시 TOD(공공 교통 지향형 개발, 147쪽 참조)가 붙은 도시 개발은 니켄세케이답다고 생각합니다. 그런데 이렇게 칭찬만 해서는 야마나시 씨에게 혼날 것 같은데요. (웃음)

이제 슬슬 제가 생각하는 것을 말하자면, 이게 니켄세케이의 문제인지, 디벨로퍼의 문제인지, 도시 컨설팅의 문제인지, 감히 뭐라고 말할 수는 없지만 '여기도 저기도 모두 비슷해졌다'는 느낌이 듭니다. '도시 자기 복제 현상'이라고 할까요?

CAD의 산물과 같이 큰 용적률을 가진 건물이 늘어났습니다. 다른 인터뷰에서도 이야기했는데, 건축이 아니라 거의 '인테리어화'하고 있습니다. 건물은 기억나지 않고 인스타 감성의 인테리어로만 건축을 기억하고 있다는 느낌입니다.

▪ '새로운 방정식'인 이니셔티브

옛날에는 건축의 풍부함을 더 많이 느낄 수 있었다고 생각합니다. 지금은 나무 루버를 사용하거나 반사율이 다른 유리를 사용해도 도시 요소로서는 모두 균일하게 느껴집니다.

옛날, 잡다한 거리 속에 큰 빌딩이 하나만 서 있는 상황에서는 예쁘게 보였을지도 모르지만 그것이 계속해서 늘어나고, 만화가가 그리는 네모난 빌딩의 배경과 같아지고 있습니다.

용적률이라고 하는 경제 합리성만으로 거대한 빌딩이 채워진 도시가 만들어지고 있습니다. 제가 관련된 한 프로젝트에서도 준공이 2030년인 건물을 짓고 있는데 지금까지와 똑같은 생각으로 진행이 되고 있습니다. 그것을 보면서 '이래도 괜찮은 건가?' 고민하게 됩니다. 저는 니켄세케이가 건축적인 이니셔티브를 되찾는 방향을 모색해 주었으면 좋겠습니다. 니켄세케이라면 바꿀 수 있습니다.

한 가지 생각하는 것은 니켄세케이의 수비 범위에 관한 것입니다. 저도 디벨로퍼라고 불리게 되면서 알게 된 사실인데, 설계자가 들어오기 전에 높이가 135m 건물에 위에는 수만 평의 오피스가 들어가고, 아래에는 구청이 들어가고, 인센티브로 용적률을 받고 하는 것들이 이미 결정 된다는 겁니다.

건축에서 승부를 볼 수 있는 것은 외벽의 두께 15cm 사이에만 허용되고 있습니다. 그런 프로젝트가 증가하고 있습니다. 그렇다면 거기에서 건축가의 역할은 무엇일까요? 어쩌면 디자인에 들어가기 전 비지니스 모델을 생각하는 것일지도 모릅니다.

"용적률이 넘쳐나는 건물이 늘었습니다. 건축이 아니라 거의 '인테리어화' 하고 있습니다"

_ 사이토

Q 향후 니켄세케이에 기대하는 것은 무엇입니까?

A '세계적인 니켄세케이'를 목표로 하는 것은 당연하겠지만, 일본은 설계뿐만 아니라 시공 공법에서도 대단한 위치에 있지 않습니까? 세계에서 이만큼의 기술을 가지고 있는 나라는 어디에도 없다고 생각합니다. 건축디자인의 사상과 시공 기술까지 포함해 더 많은 훌륭한 건축을 해외에서 만드는 회사가 되면 좋겠다고 생각합니다.

Q 그러기 위해서 필요한 것은?

A 해외에서도 역시 새로운 방정식이 필요하다고 생각합니다. 건축이

'인테리어화' 하고 있다는 이야기를 했습니다만, 다시 한번 '종합 예술'로 되돌린다고 할까요? 안전하고 쾌적하고 즐겁고 새로운, 거기에 ICT나 운영도 제대로 기능하는, 이를 위해서는 건축디자인의 사상과 시공 기술도 최신의 것이어야 합니다.

건축이라고 하는 것은 항상 '최신'이 아니면 안 된다고 생각합니다. 최신을 만들기 위해서는 사용하는 도구도, 일하는 방식도, 관련된 방법도 항상 최신이어야 합니다. 그래야만 새로운 방정식이 태어난다고 생각합니다.

사외 인터뷰 ❷

• '니켄세케이'라는 문제 설정 자체가 자의식 과잉

Q 도시의 변화에 대해 다양한 비평을 하고 계신 걸로 알고 있습니다만, '니켄세케이'의 존재를 알게 된 것은 언제쯤입니까?

A 건축에 흥미를 가지기 시작한 것은 30살이 지났을 무렵입니다. 원래는 서브컬처 전문가입니다만, 의외로 도시와 관련된 일도 들어옵니다. 당시는 아키하바라가 오타쿠 문화의 중심지로 정착했고 그 상징으로 시민권을 얻으려고 했던 시기라고 생각합니다.

그 전에는 건축 학자인 모리카와 카이치로도 열정적으로 발언하고 있었고, 하위 문화론의 맥락에서 시부야나 아키하바라를 바라보는 시선

우노 츠네히로 (1978년생)

비평가, 비평지 「PLANETS」 편집장, 릿쿄대학 사회학
부 겸임 강사(인터뷰는 2020년 6월 12일에 온라인
으로 실시).
저서로 「제로 연대의 상상력」(하야카와출판), 「리틀
피플의 시대」(환동사), 「일본 문화의 논점」(쓰쿠마출
판), 「모성의 디스토피아」(슈에이샤), 「느린 인터넷」
(환동사), 돌파모와의 대담 「이런 일본을 만들고 싶
다」(오타출판), 「조용한 혁명에의 블루프린트 이 나
라의 미래를 만드는 7개의 대화」(가와데출판사) 등
다수.

에 대한 이야기가 요구되고 있
었습니다. 병행하여 건축가 후
지무라 류지와 카도와키 코조와
같이 정보 사회론을 참조하는
건축가도 흔히 나타나기 시작했
을 무렵입니다.

당시 서브컬처에 대해 비평하려
면 동시에 인터넷 등 새로운 정
보 산업에 대한 생각도 함께 개
진할 수 있어야 했기에 제 일의
영역도 점차 미디어론으로 넓혀

가게 되었습니다. 그 흐름으로 도시에 대해 생각할 일도 많아져 2011
년 지진 재해 전후쯤부터 도시나 건축을 테마로 한 이벤트나 심포지엄
에도 나가게 되었습니다.

또 한편으로 제가 편집장으로 있는 「PLANETS」에서는 도시를 테마로
한 특집을 정기적으로 만들고 있었습니다. 그러면서 건축 관계자들과
만나는 일이 잦아졌고 그러다가 대형 설계 사무소의 대명사인 '니켄세
케이'의 이름을 듣게 되었습니다.

Q 그전까지는 전혀 몰랐습니까?

A 전혀 몰랐습니다. 제가 공부를 하지 않아서 그랬을지도 모르지만요.
여하튼 오늘은 야마나시 씨께서 "편하게 말해도 좋다"고 말씀해 주셨으

니까 솔직히 말하겠습니다. 사전에 인터뷰 질문을 받았습니다만, 솔직한 감상을 말해도 될까요? 자의식 과잉입니다.

(폭소)

건축에 조금이라도 관심이 있다 한들, 대형 설계 사무소의 이름을 기억하는 사람이 얼마나 될까요? '니켄세케이'라는 구체적인 고유명사를 떠올려 생각하는 사람은 건축 업계에 종사하는 사람들뿐일 겁니다. 혹은 개발자라든지 일로 엮인 사람들이거나. 그러니 니켄세케이를 주어로 놓고 말하는 문제 설정 자체가 지엽적인 문제에 갇혀 있는 것으로 보입니다.

이것은 꽤 중요한 일이라고 생각합니다. 우리도 개발자를 고유명사로 말하는 것을 당연시하고 있는 겁니다. 모리 빌딩이 또 그런 일을 하고 있다든가, 최근 도큐가 여러 방면에서 놀랍다든가, 이것은 미쓰비시지쇼가 좋아하는 패턴이라든가. 하지만 설계 사무소를 주어로 이런 이야기를 하는 경우는 극히 드뭅니다. 이는 지금의 도시 개발과 대형 건축에서 설계 사무소가 매우 큰 역할을 하고 있음에도 불구하고 디벨로퍼 쪽의 비중이 압도적으로 큰 것을 보여 주는 예라고 생각합니다.

> "솔직한 소감을 말해도 되나요?
> 자의식 과잉입니다."
>
> – 우노

▪ 거대해도 이미지의 주도권은 없다

Q 우노 씨가 알고 있는 니켄세케이 프로젝트에서 좋아하는 건물이나 관심 있는 건물이 있습니까? 예를 들면, 최근 시부야의 재개발(시부야 스크램블 스퀘어 제1기)※23에는 니켄세케이가 꽤 많이 관여하고 있습니다만.

A 맞습니다. 이 내용도 인터뷰 요청장에 사전 질문으로 올라와 있었기 때문에 미리 생각해 두고 '이렇다 저렇다'라고 말하면 간단했겠지만, 아마도 그런 것을 원하는 건 아닐 거라고 생각했습니다. 그 질문을 보았을 때, '많은 재개발 사업에서 개발자의 존재는 의식할 수 있어도, 니켄세케이의 존재는 느껴지지 않는다'라고 대답하는 것이 옳다고 생각했습니다. 여기서 어중간한 '접대 토크'를 하는 것은 불필요할 테니까요.

예를 들어 시부야의 재개발에 대해 제가 어떻게 생각하고 있는지 말씀드리자면, 언덕에 대해서, 그러니까 분지 형태의 지형에 대해서 각각의 개발자의 역학이 전제가 되고, 지금까지 스트리트를 중심으로 했다면 역 빌딩에서 내리지 않고 완결하는 도시 형태로 바꾸어 가자는 쪽으로 방향이 바뀌고 있다고 생각합니다. 니켄세케이는 그러한 요구를 견딜 수 있는 그릇을 확실히 만들고 있습니다. 저는 그렇게 생각합니다만, 거기에서 건축적인 재미를 느끼는가 하면 솔직히 그렇지는 못합니다.

새로운 랜드마크는 점점 많아지는데 사람들은 여전히 스크램블 교차점을 시부야의 상징이라고 생각합니다. 저의 세대나 조금 위의 세대는 아직도 시부야라고 하면 중심 도시와 스페인 언덕이라는 이미지가 강합

※23

시부야 스크램블 스퀘어 제1기 (동쪽 동)
2019년 도쿄

설계: 시부야역 주변 정비 계획 JV(니켄세케이 · 도큐 설계 컨설턴트 · JR 동일본 건축 설계 · 메트로 개발), 디자인 아키텍트: 니켄세케이, 쿠마켄고 건축 도시 설계 사무소, SANAA 사무소. S조, RC조, SRC조. 지하 7층, 지상 47층. 연면적: 약 18만 1000㎡(전체 완성 시 약 27만 6000㎡).
제1기는 니켄세케이가 주로 고층부, 쿠마켄고 건축 도시 설계 사무소가 저층부를 담당. 제2기 (중앙동·서쪽 동) 는 SANAA가 담당. 높이 약 230m의 옥상에는 360도의 파노라마가 펼쳐지는 전망 시설 'SHIBUYA SKY'를 갖추고 있다. 전체 완성은 2027년 예정.

니다. 시부야의 이미지를 만들어 내는 데 있어서 건축이 주도권을 가지고 있지 않다고 생각합니다. 도시의 역학 변화는 화제가 되지만 건물 자체는 거의 화제가 되지 않습니다. 건물 자체에 역점을 둔 사고를 할 수 없기 때문입니다.

▪ '있을 것 같은 것이 있다'의 미래

Q 그러한 건축을 니켄세케이이라는 고유명사와 연결시켜 말하는 것이 '자의식 과잉'이라는 뜻입니까?

A 저는 BtoB 기업이 고유명사로서 '우리 회사는'을 고집하는 것은 문제 설정 방식으로서 그렇게 좋은 일은 아니라고 생각합니다. 니켄세케이와 같은 대형 설계 사무소에 이미지 우선의 브랜드 구축이 정말로 중요한 일인가 하는 문제에 대해서는 저는 잘 모르겠습니다.

Q '디자인 전략을 만든다'라고 하는 이 논의 자체가 맞는 것인가? 이렇게 생각했다는 뜻인가요?

A 솔직히 의아하게 생각했습니다.

Q 그럼 이번 인터뷰를 승낙하신 이유는?

A 저는 도시 문제에 흥미가 있습니다. 그 이유는 도시가 여러 가지 문제들을 포괄하고 있기 때문입니다. 정치부터 문화, 인간의 신체에 관한 문제 등 여러 가지를 포괄하고 있기 때문에 도시를 시작으로 여러 가지

를 생각하는 걸 좋아합니다. 그래서 이 이야기도 재미있을 것 같아 인터뷰를 하기로 했습니다.

'디자인 전략'에 관해서는, 도시 입장에서 행복한 개발을 하고 있는가 생각했을 때, 건축 레벨로 그것을 실현할 수 있는 기업이 있다는 인상을 일반 사람들에게 남겨 주는 것은 의미가 있는 일이라고 생각합니다. 건물의 영향력은 상대적으로 높아졌습니다. 그런데 지금은 모두가 스마트 폰을 가지고 있기 때문에 목적지를 쉽게 찾아갈 수 있고 도시를 천천히 걸어 다닐 필요도 없어졌습니다. '도시≒건물'이 되어 버린 겁니다. 지금까지는 개발자가 개발의 주역이었다면, 지금부터는 건축 설계 사무소가 주역이 된다고 하는 문제 설정은 할 수 있다고 생각합니다. 그런 소설을 만들 수 있고, 그 소설로부터 실체를 낳을 가능성도 없지는 않다고 생각합니다.

현재의 시부야 개발은 옛 시부야를 좋아했던 사람들의 입장에서 보면 '시부야도 관광객 대응을 위해 노력했다'고 하는 느낌밖에 없습니다. 훌륭한 일인지는 모르겠지만 재미는 없지요. 그러한 곳에 건축적인 개입으로 반전을 꾀할 수 있으면 좋겠습니다.

'원하는 것'을 알고 있는 사람에게 목표로 하는 것을 찾아 주는 일은 인터넷으로 충분합니다. 일부러 시부야에 가서 '거기에 있을 것 같은 것이 진짜 그곳에 있다'는 것을 확인하는 건 재미없습니다. 우연한 만남을 연출할 수 없다면 실제 공간에서 승부할 필요는 없습니다. 디벨로퍼의 디렉션도 중요하지만, 거기에 건축적인 수준의 개입이 추가된다면 매우 흥미로운 결과물을 낳을 수 있을 것이라고 생각합니다.

Q 도시를 '우연한 만남'의 장소로 바꾸어 간다면, 거기에는 건축에 대한 기대도 있을 텐데요.

A 복합적으로 공격해 나갈 수밖에 없다고 생각합니다. 도시 개발에 있어서 간과한 부분이라고 할까요? 보완할 수 없는 부분을 건축의 레벨로 보충하는 것이 중요하다고 생각합니다.

> "'원하는 것'을 알고 있는 사람에게
> 목표로 하는 것을 찾아 주는 일은
> 인터넷으로 충분합니다."
>
> -우노

▪ '세계'를 목표로 해 주었으면 합니다

Q 또 '자의식 과잉'이라고 말씀하실지 모르겠습니다만, 니켄세케이가 목표로 해야 할 방향성에 대해서 어떻게 생각합니까? 예를 들면 '세계에서 통용되는 디자인 팜'을 목표로 한다고 하는 것에 대해서는?

A 두 가지가 있습니다. 하나는, 역시 '세계'를 목표로 해 주었으면 합니다. 안 좋은 소리를 할 거라고 생각하셨습니까? (웃음)

저는 내셔널리스트는 아니지만 여러 업계에서 '세계에 통용되는 플레이어'가 개인 단위, 조직 단위라고 생각하고, 그런 곳이 확실히 글로벌한 일을 하고 세계에 충격을 주어야 젊은이들에게 희망이 될 것이라고 생각합니다.

일본이라는 나라는 어느새 정치적으로도, 심지어 문화적으로도 뒤처진 나라가 되어 버렸습니다. 젊은 사람들부터 그렇게 생각하고 있습니다. 일본의 대기업에도 젊고 야심찬 사람들이 모여서 열심히 일을 하고 있고, 그러한 몇 개의 회사가 일본에 있다는 것을 알리는 게 중요합니다. 그것이 첫 번째입니다.

다른 하나는 대기업 사람들에게 제가 반드시 이야기하는 것입니다만, 대기업은 벤처에게 투자를 하라는 것입니다. 딱딱한 옛날식 대기업은 취할 수 없는 리스크를 작은 기업에게 투자해 실험해 보는 겁니다. 대기업이 생각할 수 없는 유연한 발상도 끌어낼 수 있고, 벤처 기업에서 인재를 채용할 수도 있습니다. 그렇게 기존의 대기업도 업데이트를 해 나가는 겁니다.

지금의 20대, 30대는 예전과 다르다고 하지만 결국 능력 있는 사람들은 모두 대기업에 모여 있지 않습니까? 왜 그런가 하면 일본은 도전하는 환경이 아니기 때문입니다. 사실은 조직의 구성원이 되고 싶지 않았지만 그렇게 되어 버린 사람도 많이 있습니다. 그런 사람들의 재능을 펼칠 수 있도록 하는 것이 중요합니다. 그러기 위해서는 외부의 자극이 필요한 것이죠.

(후략)

> "니켄세케이는 역시 '세계'를
> 목표로 해 주었으면 합니다."
>
> – 우노

사외 인터뷰 ❸

▪ '배후(陰)'에서 발신, 'NIKKEN이 탑재된'을 목표로

Q 하야시 씨는 니켄세케이와도 일을 하고 계십니다만, 그전부터 니켄세케이를 알고 있었습니까?

A 물론 알고 있었습니다. 20년 전 로프트워크를 설립할 때 '크리에이티브를 유통시키는 것'을 미션으로 내걸었습니다만, '그렇다면 크리에이티브의 범위는 어디까지인가?'를 공동창업자인 스와씨와 논의했습니다. 그렇게 얻은 결론으로 역시 크리에이티브의 최상위는 건축가라고 생각했습니다. 그때부터 니켄세케이를 알고 있었습니다.

Q 왜 건축가가 상위라고 생각했습니까?

A 로프트워크가 생각하는 크리에이티브라는 것은 생활자 관점에서 미

래를 어떻게 재미있게 설계해 나갈 수 있을까를 추구하는 것입니다. 한 사람의 생활자로서 어떤 사회를 미래에 남길 것인가, 생활자 관점에 서서 설계하고 만들면 수십 년에 걸쳐 사라지지 않고 남는 것이 바로 건축입니다. 그래서 크리에이티브 커뮤니티의 최상위에 건축가를 두었습니다.

하야시 치아키

주식회사 Q0, 사장
와세다 대학 상학부, 보스턴대학 대학원 저널리즘 학과 졸업(인터뷰는 2020년 6월 15일에 온라인으로 실시).
카오(花王)를 거쳐 2000년에 로프트워크를 창업, 2022년까지 회장직. 퇴임 후 주식회사 Q0를 설립. 아키타, 토야마 등의 지역을 거점으로 하여 시대를 대표할 '계승될 지역' 디자인을 창조하는 것을 목표로 한다. 굿디자인상 심사위원, 경제산업청 '산업경쟁력과 디자인을 생각하는 연구회' 등 역임. 임업 재생을 통해 지역 산업 창출을 목표로 하는 '주식회사 히단노 모리데쿠마와오도루' 회장직도 역임하고 있다.

저는 건축 분야에서는 아마추어였지만 왜 니켄세케이에 공감했는가 하면, 니켄세케이의 프로젝트 매니지먼트가 확고하고 프로페셔널했기 때문입니다.

▪ '배후의 니켄세케이'라는 이미지

Q 실제로 니켄세케이와 일을 해 보고 나서 니켄세케이만의 특색이라고 생각했던 점이 있습니까?

A 좋은 의미로, '배후(陰)의 니켄세케이'입니다. (웃음) 전문적인 의미에

서 '배후'이지 부정적인 의미는 결코 없습니다. 어느 프로젝트라도 뒤편의 설계 부분에는 니켄세케이가 존재하고 있다는 것이 제가 존경하는 니켄세케이의 이미지입니다.

Q 니켄세케이가 앞으로도 '배후의 니켄세케이'라는 방향을 고수하는 것이 좋다고 생각하십니까?

A 네, 그렇습니다. 예를 들어 외관 등의 의장은 외부의 건축가에게 맡겨도 괜찮다고 생각하지만, 건축가가 제아무리 불가능한 조형을 생각해도 니켄세케이는 그것을 실현한다고 믿게 만드는 그런 존재가 되었으면 합니다. 건축가인 쿠마 켄고 씨라든지 이토 토요 씨의 배후에는 언제나 니켄세케이가 있다고 하는, 그런 이미지 말입니다.

Q 실제로 시부야의 재개발은 쿠마 켄고 씨와 니켄세케이가 함께 설계하고 있습니다만, 니켄세케이가 관련되어 있는 것까지 자세히 알고 있는 사람은 없습니다. 그러한 존재가 되는 게 오히려 좋다고 생각하십니까?

A 그건 조금 다릅니다. 물론 스타 건축가가 앞에 서는 건 맞습니다만, 그 건축이 정말 제대로 기능하도록 하는 일, 그리고 또 하나, '깊어진 레이어'는 니켄세케이가 담당해야 한다고 생각합니다. 앞으로 니켄세케이가 도전해야 할 과제는 그 레이어를 '가시화'하는 것이 아닐까요? 'Intel inside'와 같이 니켄세케이가 하는 일을 보여 주며 나아가는 것이 이제부터 니켄세케이가 나아갈 길이 아닐까 생각합니다.

Q 모두가 'NIKKEN이 탑재되어 있다'라고 인식할 수 있는 상태를 말하

는 거군요.

A 맞습니다. 이를 위해서는 건축가와 클라이언트를 상위에 두는 것이 아니라 파트너로서 대등하게 프로젝트를 실현해 나가는 게 중요합니다. 잠시 인텔의 이야기로 돌아가 보면, 일본의 시스템 개발 업무는 90%가 위탁 개발이라고 합니다. 일을 수주하고 클라이언트의 요구에 맞추어 커스터마이즈하는 것이죠. 그에 비해 미국의 시스템 개발 회사의 메인은 패키지 판매로, 능숙하지 않은 커스터마이즈는 속도를 늦출 뿐이므로 수주하지 않습니다. 클라이언트와 대등한 입장에서 책임을 지고 서비스를 매일 업데이트해 나가기 때문에 이용하는 기업마다 커스터마이즈를 하지 않는 것이 좋다는 게 바로 인텔의 발상과 같습니다. 그런데 일본의 시스템 개발 회사는 클라이언트를 위에 두기 때문에 클라이언트를 위해 커스터마이즈할 수밖에 없습니다. 그 결과 대부분의 서비스가 업데이트되지 않는 것입니다. 따라서 니켄세케이는 구글이나 인텔과 같은 회사가 되어야 한다고 생각합니다. 그리고 '일본'에서 '세계'의 니켄세케이가 되어 가는 것, 그것이 제가 생각한 이미지입니다. (웃음)

"앞으로 니켄세케이가 도전해야 할 과제는
레이어를 '가시화'하는 것입니다."

― 하야시

▪ 사내 크리에이티브의 한계

Q 하야시 씨의 직감은 정확히 핵심을 찌르고 있는 것 같습니다. 확실히 니켄세케이가 자랑하고 있는 'TOD'(역 중심 복합 개발)는 이미 니켄세케이만이 할 수 있는 독점성이 있기 때문에 클라이언트와 대등한 관계가 가능한 것일지도 모릅니다.

A 그건 좋은 일입니다. 니켄세케이가 최고디자인책임자(CDO) 자리를 만들고, 점점 크리에이티브가 되어 가는 것은 대찬성입니다. 다만 저라면 어떤 미래를 그릴까 생각해 보면, TOD에 관해서도 외관은 앞으로 외부 크리에이터의 아이디어를 받는 것이 좋다고 생각합니다. 어느 기업이나 마찬가지겠지만, 니켄세케이 안에서만 크리에이티브로 계속 있는 것은 어려운 일이 아닐까요?

Q 어려운 일입니까? (웃음)

A 목표로 하는 것은 '세계의 NIKKEN' 아니겠습니까? 전 세계의 독특한 아이디어를 받아들여 그것을 실현해 나가는 것이 좋겠지요. 독립적인 건축 사무소는 많이 있습니다. 그들이 안심하고 건축 CG를 그리고, 건축물의 완성까지 생각했을 때 니켄세케이를 파트너로서 선택하게 되는 겁니다. 그 어떤 특이한 아이디어라고 해도 니켄세케이와 파트너가 된다면 실현되어 버리는 그런 세상이 되도록 만들어 나가는 것이 최고디자인책임자의 역할 중 하나가 아닐까 생각합니다.

Q 니켄세케이 사내에도 우수한 크리에이터가 많이 있는데, 그들도 외부의 다른 사람들과 파트너가 되어 생각을 넓혀 가는 편이 좋다고 생각하십니까?

A 꼭 외부와 파트너가 되지 않아도 된다고 생각합니다. 니켄세케이 안에도 디자인을 하는 사람이 있다는 이야기인 거죠. 건축주가 건축가적 발상을 할 수 있다면 건축주도 함께 일하는 방식도 좋고, 복잡한 건축 기준법이나 경관을 해치지 않는 방법을 잘 알고 있는 니켄세케이가 일체 개발을 할 수도 있겠지요.

저 혼자만의 의견일지 모르겠습니다만, 니켄세케이의 진짜 가치는 디자인까지 포함해 건축물이 완성 가능한지 아닌지를 파악하는 부분이 아닐까 생각합니다.

"니켄세케이 안에서만
계속 크리에이티브한 것을 유지하기는 어렵습니다."
- 하야시

▪ 로프트워크를 인수하면 좋습니다

Q 방금 전 "크리에이티브의 가치를 크리에이터가 아닌 사람에게 어떻게 전할 것인가" 하는 이야기가 있었습니다만, 'NIKKEN이 탑재된' 상태가 되려면 지금까지 보이지 않았던 '배후(陰)의 레이어'를 어떻게 전하면 좋을까요?

A 강점은 이미 있습니다. 그것을 한층 더 강화해 가는 것이 중요하겠지요. 전달하는 장소는 영어권으로 글로벌하게 퍼져나가는 장소면 좋을 것 같습니다. 그런 의미에서라면 'Fab Cafe'를 운영하고 있는 로프트워크를 인수하면 좋지 않겠습니까? (웃음)

(폭소)

로프트워크는 크리에이티브한 회사라고 알려져 있지만, 창업 이래 정책으로서 최종적인 크리에이티브는 사내에서 만들지 않기로 정했습니다. 예를 들면 웹사이트를 만들 때 로프트워크는 '왜 웹사이트를 만드는가'라고 목적을 묻습니다. 하지만 예를 들어 메인 페이지 디자인은 로프트워크가 만들지 않습니다. 디렉터가 사이트의 목적이나 대상자를 파악한 후 누구에게 부탁해야 하는지를 생각합니다. 외부의 크리에이터들에게 아이디어를 받은 뒤, 그 웹사이트가 어떤 역할을 하는지를 클라이언트에게 전달하는 것이 우리의 중요한 일입니다.

니켄세케이가 로프트워크를 인수하면 좋다고 말한 것은 니켄세케이가 그러한 방식을 건축의 영역에서 실천하고 있기 때문입니다. 니켄세케이가 외부의 건축가와 함께하고 있다고 어필할 수도 있지요.

지금까지의 사업 영역을 바꿀 필요는 없다고 생각합니다. 아니, 지금까지 없었던 부분을 적극적으로 내놓는 것입니다. 그것이 '세계적인 NIKKEN'으로 나아가는 비결 아닐까요?

Q 어떻게 하면 외부로 오픈해 나갈 수 있을까요?

A 예를 들어 니켄세케이 사이트의 메인에 사례를 소개하는 내용을 보면 니켄세케이가 설계한 '건축물 자체'가 올라가 있습니다. 즉, 완성된 사진이 메인이라는 겁니다. 그 건축물이 설계되었을 당시 어떤 고민이 있었는지, 반대로 건물이 세워진 후에 대상 지역에 어떤 변화가 생겼는지를 전달할 수도 있지 않을까요?

'국립경기장'※24의 자하 하디드에 관한 예가 그렇습니다. 대개 자하의 표면적인 디자인에만 눈이 가기 쉽지만 자하의 아이디어를 어떻게 실현해 나갈지 검토하는 가운데 어떤 가능성이 태어났는지를 알림으로써 니켄세케이와 건축가는 대등하다는 인식이 국내뿐만 아니라 해외에도 전해질 것이라 생각합니다. 그러한 '레이어의 정보'를 늘림으로써 사회에서 니켄세케이의 위치를 변화시킬 수 있으리라 생각합니다.

그와 더불어 그러한 활동을 젊은 사람들과 함께 논의해 나가는 겁니다. 그야말로 세계를 필드에 전개하면 좋지 않을까요? 건축가가 되고 싶다는 자신의 아이디어를 건축으로 실현하고자 하는 사람은 전 세계에 있을 테니까요. 그러한 사람의 아이디어를 파트너로서 실현해 나가는 것이 곧 니켄세케이라는 구도로 완성되어 가지 않을까요?

저라면 세계에서 주목받고 있는 건축가와 매월 Zoom에서 이야기를 해 볼 것 같습니다. 1년에 12회 정도? 그러면 니켄세케이의 무엇이 강점인가가 점차 드러날 것이라고 생각합니다. (웃음) 가지고 있는 정보는 점차 공개하고, '따라할 수 있으면 따라해 봐!'라고 하는 여유랄까요? (하지만 오히려 모두가 NIKKEN의 비상함을 알게 될 것입니다.) 그렇게 된다면 너무 멋지지 않습니까?

이러한 인터뷰 기사는 '니켄 디자인 히로바'가 생기고 나서 주 1회 페이스로 공개되었다. 특히 우노의 '자의식 과잉'이라는 코멘트는 '히로바'가 주목을 받는 데 큰 역할을 했다.

※24

국립경기장 (당시에는 '신국립경기장')의 당초 안

니켄세케이는 2015년 7월에 백지화가 된 신국립경기장 구 정비계획 설계팀의 중심 멤버였다. 자하 하디드 아키텍츠는 '디자인 감수자'로서 니켄세케이·아즈사 설계·니혼세케이·Arup 설계 공동체와 팀을 만들어 설계를 진행하고 있었다. 기본 설계 전반은 런던에서 진행되었고 야마나시 토모히코는 일본 측의 리더였다.

4장

'NIKKEN'
7대 불가사의
'점균(粘菌)'적 알고리즘

'점균(粘菌)'이라고 불리는 미생물에 대해 들어 본 적이 있는가? 신경 조직이 없는 원생생물로 아메바 모양인 점균은 '최단 경로로 미로를 빠져나온다'고 알려져 있다.

이런 실험이다. 점균 중에서도 '진 점균 변형체'라고 불리는 것을 미로에 가둔다. 미로의 입구와 출구에는 미끼를 둔다. 처음에는 미로 전체에 점균이 퍼지지만 점차 막다른 경로 부분의 점균은 퇴각시키고, 최종적으로 입구와 출구를 연결하는 하나의 경로가 만들어진다. 끈처럼 연결된 점균의 모습 자체가 바로 미로의 최단 루트다.

이 현상이 논문으로 발표된 것은 2000년이다. 일본의 이화학연구소에 소속된 나카가키 토시유키(현 홋카이도 대학 교수) 연구팀의 발견이었다.

정말 이상한 이야기다. 이 책에서 왜 갑자기 점균 이야기를 꺼내는지 궁금할 것이다. 필자에게는 니켄세케이라는 조직이 '점균'으로 보이기 때문이다. 강한 지휘 계통이 없는데도 시대와 함께 형태를 바꾸고 새로운 요구를 찾아 서서히 확대해 나간다.

점균은 앞서 설명한 바와 같이 뇌나 신경계가 없기 때문에 어딘가에서 내려온 지시를 받고 움직이는 것이 아니다. 원래 가지고 있는 물리화학적 성질, 예를 들면 리듬이나 패턴의 형성 등이 능숙하게 조합됨으로써 미로의 최단 루트를 찾는 것이다. 이것은 수리 모델에 의해 이론적으로 설명 가능하다고 한다. 즉 점균은 '지령이 아니라' 원래 내장되어 있는 '알고리즘'에 의해 미로를 푸는 것이다.

본서에 필요한 취재를 위해 니켄세케이 사원이나 외부 관계자에게 "니켄세케이의 이상한 점은 무엇인가요?"라고 물으면 대개가 두세 개 정도 이야기를 술술 말해 준다. 필자에게도 몇 가지 떠오르는 게 있다. 모두가 말하는 니켄세케이의 이상한 점 두세 개, 바로 그것이 점균과 같이 니켄세케이를 끌고 온 무엇, 바로 알고리즘이 아닐까 생각된다.

디자인 전략에 대한 이야기는 잠시 멈추고, 4장에서는 니켄세케이의 직원이나 관계자를 취재하며 떠오른 '니켄세케이 7대 불가사의'를 짚고 넘어가기로 하자.

<blockquote>
"점균은 지령이 아닌
'알고리즘'을 통해 미로를 벗어난다."
</blockquote>

7대 불가사의 ❶

▪ 엘리트 집단이지만 월급이나 출세보다 '좋은 건축'

니켄세케이의 직원들은 도쿄대학, 교토대학 등 고학력자들이 대부분이다. 어떤 용도와 규모든 설계를 할 수 있는 1급 건축사 자격을 받으려면 취직을 하고서도 더 공부해야 한다.

기본적으로 '공부를 좋아하는 노력가'가 모인 집단이다.

그럼에도 불구하고 필자가 아는 니켄세케이의 직원들은 출세에 흥미가 없어 보인다. 밤낮으로 생각하는 것이라고는 '어떻게 하면 높은 월급을 받을까?'도 아니고, '어떻게 하면 편한 포지션으로 갈 수 있을까?'도 아닌, '좋은 건축을 만들고 싶다'는 것이다. 사내 정치에도 관심이 없고 굳이 있다고 하면 '어떻게 하면 보람 있는 프로젝트를 담당할까?'이다. 통계 조사를 한 것은 아니지만 필자에게는 그렇게 보인다.

문과 출신인 필자에게는 매우 이상해 보이지 않을 수 없다. 한번 생각해 보길 바란다. 설계라는 일의 대부분은 인건비다. 판매업과 달리 구매는 없다. 컴퓨터 등 약간의 설비 투자가 있다고는 해도 지출의 대부분은 인건비다. 문과적 발상으로 말하면, '인건비를 어떻게 줄이는가' 바로 이것이 생명선이다. 기업은 설계 과정을 패턴화하거나 AI(인공지능)를 이용해 인간이 관여하는 부분을 줄이는 방향으로 나가야 할 것이다.

그러나 니켄세케이 사람들에게서는 그렇게 나아가고자 하는 낌새가 전혀 느껴지지 않는다. 개인적인 인상으로는 이른바 '아틀리에 설계 사무소'의 사람들 이상으로 업무 효율에 대해 무관심해 보인다.

▪ 이색 초고층 빌딩, '키엔스 본사'

완성된 건물만 봐도 알 수 있다. 최고디자인책임자 두 사람의 프로젝트를 예로 들어 보자. 오타니 히로아키의 출세작은 '키엔스 본사·연구소 빌딩'[25]이다.

※25

키엔스(Keyence) 본사·연구소 빌딩
1994년 오사카

설계: 니켄세케이, 시공: 오바야시구미

SRC조, 지하 1층, 지상 21층. 연면적 2만 1633㎡. 오타니 히로아키가 설계 주임이던 당시 이 독특한 초고층 빌딩을 완성시켰다. 4년 후 '에히메현 미술관'(마츠야마시, 1998년)을 완성시켜 젊은 나이로 '니켄 오사카의 얼굴'이 되었다.

당시 32세였던 오타니가 디자인 주임으로 참여한 이 빌딩은 1994년 완공되었다. 지상 21층짜리 초고층 빌딩은 신 오사카역 근처에 있고, 신 오사카에서 오사카로 향하는 JR에서도 잘 보인다.

멀리서 봐도 유리 외장에 깔끔한 아름다운 건물이지만, 주목하고 싶은 것은 저층 부분이다. 4개의 큰 기둥에 의해 전체가 들어 올려져 있다. 기둥이라고 하면 빌딩의 네 모퉁이에 서는 것이 보통이지만, 이 빌딩의 기둥은 각 변의 외측 중앙에 서서 최상부까지 연결되어 있다. 즉 외측으로부터 공중에서 빌딩을 잡고 있는 것 같은 형태다.

저층부가 뚫린 것을 건축 용어로 '필로티'라고 부르는데, 초고층 빌딩에서 이렇게 개방감 있는 필로티를 본 적이 없다. 건물의 '아래'에서 건너편의 하늘이 보인다. 자연스레 건물의 상승감도 강조된다. 키엔스사는 센서를 만드는 회사로 필자에게는 빌딩 자체가 기업의 선진성과 상승 지향을 보여 주는 것처럼 느껴진다.

이야기를 되돌리면 이 건물을 설계하는 데는 엄청난 수고가 든다. 전례가 없는 형태를 만들려고 하면 우선 구조 계산이 어렵고, 부재의 마감(부재와 부재를 어떻게 조합하여 고정하는지)에 일일이 새로운 검토가 필요하다.

원래 초고층 빌딩이라는 것은 반복적인 요소가 많아 효율성이 좋기 때문에 만드는 것이다. 이렇게 처음하는 시도가 많은 건축은 보통 선호되지 않는다. 오타니를 포함한 설계팀이 이 빌딩의 설계에 얼마나 많은 시간과 공을 들였는지는 설계자가 아닌 필자라도 짐작할 수 있다.

▪ 30m 공중에 떠 있는 '호키 미술관'

야마나시가 설계한 이 건물은 조금 쉬울지 모른다. 치바시 토케에 있는 '호키 미술관'[※26]으로 2010년 완성된 사실화 전문 미술관이다.

튜브와 같은 형태의 갤러리가 공중에 약 30m 돌출되어 미술관의 존재를 강하게 어필하고 있다. 튀어나온 부분은 바닥도 벽도 천장도 강판을 용접해 만든 '강판 구조'다. 보통 이런 구조는 배가 아니면 사용하지 않는다. 안에 있으면 흔들리는 것처럼 보이지만 '튠드 매스 댐퍼'라는 제진 장치를 넣어 앞부분이 흔들리는 것을 막고 있다. 실제로 힘차게 걸어도 전혀 흔들리지 않는다. 이런 저런 부분을 봐도 이제까지의 설계 루틴을 적용할 수 없는 건물이다.

이런 두 사람이 최고디자인책임자 자리를 수락한 것은 그것을 '명예직'으로 생각했기 때문이 아니다. 그들은 심지어 최고디자인책임자 겸 '상무 집행 임원'이라는 경영층의 직함도 가지고 있다. 사내에서 출세해 지금의 자리에 있는 것이다. 이런 두 사람은 '특이한 사람'이 아니라 '회사를 대표하는 사람'으로 평가된다. 니켄세케이는 그런 조직인 것이다.

※26

호키 미술관
2010년 치바

디자인: 니켄세케이, 시공: 오바야시구미

S조 · RC조. 지하 2층, 지상 1층. 연면적 3722㎡. 공원 녹지와 주택가 사이에 있는 긴 부지를 살리기 위해 튜브 모양의 갤러리가 적층되도록 구성했다. 최상층의 1층에서 지하 1층, 지하 2층으로 갤러리로 둘러싸여 있다.

• 크리에이터 마인드는 강하지만, 회사나 개인의 이름은 알려져 있지 않은

니켄세케이는 야마나시와 오타니 같이 '건축에 대한 고집'이 심상치 않은 타입의 사람들이 골고루 모여 있는 조직이다.

그럼에도 회사 자체는 일반인들에게 거의 알려져 있지 않다. 회사명이 알려져 있지 않다면 개개인의 이름이라도 유명한가 하면 그렇지도 않다. 이 책을 읽고 나서야 야마나시나 오타니의 이름을 처음으로 알게 되었다고 말하는 사람이 대부분일 것이다.

크리에이터에게 있어서 '인정 욕구'는 무엇보다 큰 원동력이다. '이렇게 열심히 했다, 이렇게 좋은 것을 만들었다, 그것을 널리 알리고 싶다.' 보통 그렇게 생각하는 것이다. 개개인 직원 모두 분명 이러한 생각을 가진 것 같지만, 아마도 그것을 밖으로 어필하는 것은 니켄세케이의 기풍과는 맞지 않는 모양이다.

몇 가지 이유가 떠오른다. 첫 번째는 니켄세케이의 출발점이 '스미토모 본점 임시 건축부', 즉 스미토모 그룹의 영선부였던 것으로 자신의 이름을 알리고 다음 일을 수주하는 개인 사무실과 달리, 그들의 다음 일은 '스미토모의 이름을 높이는 것'이었다. 요즘 식으로 말하면 '클라이언트 최우선'이다.

예를 들면, 스미토모 본점 임시 건축부 초창기, 노구치 마고이치와 히다카 유타카가 완성한 '오사카 도서관(현 오사카 부립 나카노시마 도서

관)'(51페이지 참조)이 그것이다. 스미토모 본점 임시 건축부의 실적 제1
호인 이 건축에서 1998년에 발견된 '초석'의 내용이 매우 흥미롭다. 초
석의 오른쪽 상단에는 건축주였던 스미토모 키치자에몬의 이름이 크게
쓰여 있고, 왼쪽 상단에는 공사 고문인 타츠노 킨고의 이름이 적혀 있
다. 노구치 마고이치와 히다카 유타카의 이름은 아래쪽에 작은 글자로
"그 외 많은 사람들"이라고 적혀 있다.

▪ '사원 윤리규범'도 클라이언트 최우선

'클라이언트 최우선'에 대해 말하자면, 하세베·타케코시 건축 사무소
시대(1933년~1944년)의 '사원 윤리규범(所員心得)'※27을 살펴보는 것도
흥미롭다. 스미토모 그룹에서 분리될 때 하세베 에이치와 타케코시 켄
조가 만든 사무소 운영의 윤리규범이다. 그 일부를 인용해 보자.

- 건축의 설계 감독에 종사하는 것은 그 업무의 관계 상품성을 책임지는 기술자가 된
  다는 뜻으로, 사회인으로서도 세상의 신뢰를 얻기에 충분한 사람이 되기 위해 노력
  한다.
- 설계에 있어서도 일반 건축계보다 한걸음 나아가기 위해 노력한다. 세상은 일진월
  보(日進月步)이며 현상 유지는 곧 퇴보를 의미한다. 새롭게 설계하는 것은 이전에
  설계한 것보다 진보 개량한 것이어야 한다.

※27

하세베·타케코시 건축 사무소 '사원 윤리규범'

1933년 하세베·타케코시 건축 사무소 설립 당시, 스미토모 공작부 시대의 행동 규범을 재차 '사원 윤리규범'으로 정리해 사무소 운영 지침으로 삼았다. 총 34개 항목이 있다.

- 직원이 의뢰 받은 건축에 관한 설계, 감독, 조언, 소개 등은 사무소가 의뢰를 받은 것으로 생각한다. 매우 경미하거나 개인적으로 맡은 일일지라도 일단 사무소의 허가를 받아야 한다.

- 사무소에서 다루고 있는 일 중 일부는 건축주 측에서 비밀에 부치길 원하는 것도 있다. 이와 같은 경우 건축사는 맡은 바 직분을 다해 직업윤리를 준수해야 하며, 또 사무소의 설계도, 사양서, 조사서 그 외 관련된 서류들은 건축주의 의뢰가 있어 소장의 허가를 받은 것 이외에는 절대로 외부에 노출하거나 반출하지 않는다.

(하세베·타케코시 건축 사무소 '사원 윤리규범'으로부터 일부 발췌)

이러한 규범을 당시의 직원들이 얼마나 성실하게 지키고 있었는지는 확실하지 않지만, '사원 윤리규범'이 존재하는 것만으로 경솔하게 외부에 어필하는 행위 등은 하지 않았던 것으로 보인다.

'스탠드 플레이'를 좋아하지 않는 분위기는 그 이후에도 남아 있어서 특히 출발점인 오사카 사무소는 그 분위기가 강했던 것 같다. 이번 취재에서도 "미나이 키미아키는 개인의 이름이 노출되는 것을 좋게 생각하지 않았다"는 이야기를 몇몇 사람에게서 들었기 때문이다.

▪ 모든 용도를 수주, 클라이언트는 적과 아군 구별 없이

이것은 니켄세케이의 최대 강점이라고 할 수 있는 부분이다. 니켄세케이는 대략 '건축의 용도'로 생각되는 모든 영역을 설계하고 있다. 그리고 클라이언트의 폭이 넓다. 현재도 스미토모계 기업의 설계 업무를 상당량 수주하고 있지만, 전체적으로 보면 그 이외의 일이 압도적으로 많다.

> "소장의 허가를 받은 것 이외에는 절대로
> 외부에 노출하거나 반출하지 않는다."
>
> _ '사원 윤리규범' 중에서

게다가 클라이언트와의 관계에서는 적과 아군의 구별이 없어 보인다. 예를 들어, '도쿄 스카이트리'(2012년)는 토부 철도의 프로젝트이지만, 한편으로 세이부 철도의 본사가 들어가는 '다이아게이트 이케부쿠로'(2019년)도 설계하고 있다. 세키스이 하우스의 프로젝트에 참여하는 한편, 다이와 하우스의 프로젝트도 다룬다. 〈요미우리신문〉, 〈마이니치신문〉, 〈일본경제신문〉, 〈아사히신문〉(오사카)도 거점 시설은 전부 니켄세케이가 설계했다.

그렇다면 어떻게 이런 중립적인 입장을 만들어 왔는지를 살펴볼 필요가 있다. 첫째, 시작부터 비교적 빠른 시기에 스미토모의 지원을 받으면서 경영적으로 자립한 것이 크다. 2장에서 소개했던 내용이지만 다시 한번 정리하자면 이런 흐름이다.

세계공황(1929년) 이후 계속되는 불황으로 신축 착공은 줄어들고, 스미토모 합자회사는 1933년 공작부 폐지를 결정한다. 회사는 하세베 에이이치와 타케코시 켄조에게 공작부를 폐지하고 인원을 정리하라고 요구하지만 두 사람은 회사에 건축 설계 사무소 설립을 제안한다. 회사는 이에 동의하고 1933년, 스미토모가 원조하는 형태로 '하세베·타케코시 건축 사무소'가 발족한다. '스미토모에게 도움이 되는 형태로'가 포인트다. 싸우고 나오는 것이 아니라 스미토모를 아군으로 만든 독립이었던 셈이다.

■ 은행 인맥으로 민간사업 개척

이에 더해 하세베·타케코시 시대의 큰 업적은 금융 관련 독자적인 네트워크를 구축한 것이다. 하세베·타케코시 건축 사무소의 첫 작업은 1935년에 완성되었는데 바로 '오사카 주식 거래소(현 오사카 증권 거래소)'가 그것이다. 그리고 2년 후에는 '도쿄 어음 교환소'를 완성한다. 짧은 기간 동서의 '자본주의의 상징'을 세운 것으로, 경제인, 특히 금융 관계자로부터 높은 평가를 받았다.

하세베·타케코시 건축 사무소는 종전 직전에 스미토모의 조직으로 돌아가지만, 전후 1950년 '니켄세케이 공무'로 다시 독립한다. 그리고 전국의 지방은행 본점과 거점 시설의 설계를 계속해서 맡게 된다.

여기에는 발족 이후 8년간 사장직을 수행해 온 오자키 큐스케의 공적이 크다. 오자키는 원래 일본은행의 기술사로 하세베·타케요시 건축 사무소로 이직한 인물이다. 오자키는 일본은행에서 쌓은 인맥을 활용하여 지방은행의 건물을 수주하는 데 큰 역할을 했다. 은행의 소개로 민간 클라이언트를 개척하게 된 것이다.

> "스미토모를 아군으로 만든 후
> 사무소 설립, 독립 후 금융 관련 독자적인
> 네트워크를 구축하다"

- **은행의 합병, 재편으로 문턱이 더욱 낮아지다**

그렇게 '스미토모는 출발점이면서 중립'이라는 이미지가 쌓여 갔다. 1970년에 '니켄세케이'가 된 후부터 '버블'기에 이르기까지, 스미토모 이외의 네트워크 또한 퍼져 나가게 된다.

버블 붕괴로 수주가 줄기는 했지만 은행의 통·폐합이 예전 재벌의 울타리를 낮추었다. 예를 들면 '도쿄 미드타운'(2007년)이나 '도쿄 미드타운 히비야'(2018년)는 모두 니켄세케이가 설계의 중심이 되었지만, 발주자는 미쓰이 부동산이다. 버블 이전이라면 상상할 수 없었던 일이다. 이는 2001년 사쿠라 은행(구 태양 고베 미쓰이 은행)과 스미토모 은행이 합병해 '미쓰이 스미토모 은행'이 되었기에 가능한 변화였다.

▌7대 불가사의 ❹

- **확대 지향은 아니지만, 차츰 확대된 규모**

스미토모 시대나 하세베·타케코시 시대를 포함해 120년간의 리더를 살펴보면, '기업 확장'이라는 이미지를 떠올리기 어렵다. 그러나 '확대 지향성이 없는 리더'들이 바통을 이어받는 가운데에도 결과적으로는 직원 수가 줄어든 적이 거의 없고, 규모는 점점 확대되고 있었다.

현 회장인 카메이는 이렇게 말한다.

"제가 사장이 되고 나서도 조직을 더 키우고 싶다는 생각은 전혀 없었습니다."

그러나 카메이 사장 재임 중에도 규모는 더욱 확대되었다.

"과거를 되돌아보면 클라이언트의 요청이 설계뿐만 아니라 여러 방향으로 확대되어 가면서 그것에 대응하기 위해 자연스럽게 규모가 커진 것 같습니다. 자신의 영역을 제한하지 않았기 때문에 직원 수가 늘어났던 것이 아닐까 생각합니다."

▪ 그룹 회사를 설립, 더 세밀한 요구에 대응

카메이의 분석과 같이 업무를 '건축 설계'에 한정하지 않은 것과 더 나아가 '그룹화'를 적극적으로 진행한 것도 한 요인으로 보인다. 새로운 요구에 대응한다는 것에 의미를 두는 한편, 그룹 회사를 설립하여 한층 더 세밀한 요구에 대응한 것이다.

> "클라이언트의 요청 범위가 점차 확대되어 갔고,
> 그에 부응하기 위해 회사는 자연스럽게 커졌다."

현재 니켄세케이에는 니켄세케이 이외에 6개의 그룹 회사가 있다. 설립 순서대로 다음의 6개 그룹사다.

1956년	홋카이도 니켄세케이 (약칭: HNS)
1970년	니켄 하우징 시스템 (약칭: NHS)
1994년	니켄 스페이스 디자인 (약칭: NSD)
2001년	니켄세케이 시빌 (Civil Engineering) (약칭: NSC)
2005년	니켄세케이 컨스트럭션 매니지먼트 (약칭: NCM)
2006년	니켄세케이 종합 연구소 (약칭: NSRI)

각 회사의 웹사이트는 이렇게 설명하고 있다.

- 홋카이도 니켄세케이: 홋카이도 지역에서 건축 기획·설계, 도시·지역·환경 계획에 관한 조사·컨설팅을 실시한다.
- 니켄 하우징 시스템: 집합 주택 시설의 계획·설계·감리 및 집합 주택에 관한 조사 연구 업무를 수행한다.
- 니켄 스페이스 디자인: 건축의 내장·가구 등 인테리어를 중심으로 한 스페이스 디자인의 설계 감리를 실시한다.
- 니켄세케이 시빌: 도시 개발, 도시 기반, 생산 시설, 지반, 물 환경에 관한 조사·계획·설계 감리 및 컨설팅을 실시한다.
- 니켄세케이 컨스트럭션 매니지먼트: 건설 프로젝트의 모든 단계를 통해 고도 기술 서비스에 의한 컨스트럭션 매니지먼트 업무를 실시한다.
- 니켄세케이 종합 연구소: 환경·에너지 및 도시 경영에 대해 연구나

정책 제언을 실시하는 것과 동시에, 조사, 기획, 계획을 서포트하는 업무를 실시한다.

현재는 모체인 니켄세케이의 직원 수가 약 2,000명, 그룹 회사 합계 약 1,000명의 규모다. 그룹 회사만으로도 꽤 큰 조직이라고 할 수 있다. (2022년 홋카이도 니켄세케이와 니켄세케이 시빌이 그룹 회사에서 본사[니켄세케이]로 합병되었다.)

> "새로운 요구에 대응하기 위해
> 다른 회사를 만들어 더욱 세세한 요구에 대응한다"

▪ 퀸즈 스퀘어 요코하마는 'TOD'의 선구자

'건축 설계' 이외의 필드가 펼쳐지고 있는 가운데, 니켄세케이는 건축 설계에서도 새로운 요구를 확인하고 이를 확장하고 있다. 최근의 가장 큰 성과는 아마도 'TOD'일 것이다.

'TOD'는 'Transit Oriented Developmemt'의 약어로 일본어로는 '대중교통 지향형 개발' 정도로 해석된다. 자동차에 의지하지 않고 대중교통 이용을 전제로 만들어진 도시 개발이나 연선 개발을 가리킨다. 원래는 1990년대 초 미국의 도시계획가 피터 칼소프가 내건 개념이지만 미국보다 인구밀도가 높은 일본과 아시아 국가에서 주목받았다.

TOD 부분에서 니켄세케이의 평가가 높아진 것은 1997년 완성된 '퀸즈 스퀘어 요코하마'※28의 공이 컸다. 미쓰비시지쇼와의 공동 설계로 실현되었고 카메이가 팀의 중심이 되었다.

요코하마 미나토미라이 지구의 요코하마 랜드마크 타워와 파시피코 요코하마 사이의 부지 약 4.4헥타르에 건설한 사무실, 호텔, 홀, 상업 시설 등으로 구성된 대규모 복합 시설로 전체 길이 260m의 갤러리아 '퀸 몰'이 시설 중앙에 있다. 놀랍게도 갤러리아의 중앙 부근에 있는 '스테이션 코어'라고 불리는 보이드를 통해 지하철 미나토미라이선·미나토미라이역의 플랫폼이 보인다. 플랫폼에서는 스테이션 코어의 거대한 아트리움 공간이 보인다.

사실 미나토미라이선이 개통된 것은 퀸즈 스퀘어 요코하마가 문을 열고 7년이 지난 2004년이었다. 즉, 아직 존재하지 않는 역을 미리 예상하고 이 시설을 계획한 것이다.

▪ TOD, 해외 비율 상승을 뒷받침하다

철도와 도로는 보통 '토목공사'로서, 계획 단계에서부터 '건축 공사'로 명확하게 구분된다. 그러나 니켄세케이는 니켄세케이 공무 시대부

※28

퀸즈 스퀘어 요코하마
1997년 요코하마

디자인: 니켄세케이, 미쓰비시지쇼

S조·SRC조·RC조. 지하 5층, 지상 36층. 연면적 49만 6385㎡. 지하철 플랫폼에서 지상 4층까지 이어지는 거대한 보이드인 '스테이션 코어'는 건축기준법 38조에 따른 방재 평가를 통과 후 실현되었다. 방재나 연기 대책으로 지하 1층의 바닥 아래에서 지하 3층의 바닥까지 이중 셔터를 설치해 역 부분과 경계를 지었다. 바람과 소리, 방진 등도 시뮬레이션을 마친 후 설계를 진행했다.

※29

이즈미 가든
2002년 도쿄 미나토구

설계: 니켄세케이, 시공: 시미즈 건설, 코노이케구미, 사누마구미, 카지마, 다케나카 공무점, 스미토모 건설 JV. S조·SRC조·일부 RC조. 지하 2층, 지상 45층
지하철 개찰구를 나오면 눈앞으로 보이드 공간과 그 너머로 계단형의 정원이 펼쳐진다. 선구적인 TOD 프로젝트로 꼽힌다. 구상에서부터 17년, 준비 조합 설립으로부터 14년이 걸렸다. 열선흡수강화유리를 사용하여 건물 외관이 녹색으로 보인다.

터 '토목적인' 프로젝트를 주특기로 하고 있었다. 예를 들어 1967년에는 나고야 역 옆에서 '메이테츠 버스 터미널 빌딩'이라는 프로젝트를 실현하고 있었는데, 이는 거대한 버스 터미널을 3~4층에 배치한 복합 상업 빌딩이다. 빌딩 안을 관통하는 고속도로와 같은 자동차 도로는 지금 봐도 놀랍다. 'TOD'라는 명칭이 붙은 것은 21세기에 들어서지만, 그 DNA의 맥은 이미 오래전부터 계승된 것이었다.

퀸즈 스퀘어 요코하마 이후에도 '이즈미 가든'※29(2002년)이나 '그랜드 프론트 오사카'(2013년) 등 일본다운 입체적인 TOD 개발은 거듭됐다. '도쿄 스카이 트리'(2012년)도 토부 이세자키선과 도쿄 스카이 트리역을 포함한 '도쿄 스카이 트리 타운'이라는 TOD 개발의 일부이다. 그리고 '시부야 히카리에'(2012년)부터 '시부야 후쿠라스'(2019년), '시부야 스크램블 스퀘어'(제1기는 2019년 완성)로 이어지는 시부야역의 재개발은 2027년도 전체 완성을 향해 현재도 진행되고 있다.

니켄세케이의 TOD는 아시아, 특히 중국, 인도에서 수많은 설계 의뢰를 받고 있으며, 해외 매출에서 TOD가 차지하는 비율도 점점 높아지고 있다(2020년도 해외 매출 비율은 약 13%).

▪ **위기다운 위기는 없지만 조직 개혁을 좋아하는**

   이것은 필자가 건축 전문 잡지(닛케이 아키텍처)의 편집자였을 때부터 느끼고 있었던 것이지만, 니켄세케이는 '조직 변경'을 빈번히 실시한다. 변경 소식이 많아 외부인들은 회사의 최신 조직 체계를 잘 모른다. 이번 취재에서도 직원 몇 명으로부터 "조직을 잘 바꾸는 회사", "우선은 해 보고 잘 안 되면 바로 바꾸는 기풍"이라는 목소리를 들었다.

   앞서 언급했듯이 120년간 니켄세케이는 일관되게 그 규모가 확장되어 왔다. 위기다운 위기가 있었던 적은 없다. 그래도 조직을 자주 바꾸는 데는 두 가지 이유가 있으리라 짐작된다. 하나는 '새로운 요구를 빠트리지 않기 위해', 다른 하나는 '직원들에게 동기를 부여하기 위해'이다. 이번 '디자인 전략' 만들기에는 이 두 가지가 모두 적용된다.

▪ **사내주식제도로 경영 의식 고취**

   '상명 하달이 아니라 다방향에서 목소리를 높여 위기가 되기 전 솔선해서 해결한다.'

   이러한 기풍이 태어난 배경의 하나로, 니켄세케이 공무 시대부터 70년간 이어 온 '사내주식제도'를 들 수 있다. 니켄세케이의 자본금은 현재

4억 6000만엔. 회사는 주식을 공개하지 않으며 모든 주식을 직원이 소유하는 구조다. 입사하고 경력이 쌓이면서 직책이 주어지면 그에 따른 주식이 주어진다. 이 주식은 재직 중에는 팔 수 없으며 퇴직할 때 반환한다. 큰돈을 벌 수 있는 것은 아니지만 매년 배당이 있다.

원래는 '외부 자본의 영향을 피한다'는 목적으로 시작되었지만 직원 개개인에게 '회사 경영에 참여하고 있다'는, 주인의식을 고취하는 효과도 큰 듯하다. 그리고 '회사가 위험해지기 전에', 혹은 '더 일하기 좋게' 등 스스로 변혁의 의식을 싹 틔우는 장치가 되기도 한다.

7대 불가사의 ❻

▪ 오사카다운, 도쿄다운 문화가 남아 있는

1990년대 초반의 오사카 사무소를 알고 있는 오타니는 이렇게 말한다.

"오사카 사무소 사람들에게 도쿄 사무소는 라이벌을 넘어, 다른 회사나 다름없는 적이었습니다. (웃음) 하지만 도쿄 사람들은 오사카를 전혀 신경 쓰지 않았습니다. 일방적인 라이벌 관계였지요."

오타니는 '일방적'이라고 자조적으로 말하지만, 도쿄 사무소에서도 당연히 라이벌 의식은 있었을 테고 이러한 오사카와 도쿄의 경쟁심리가 조직 존속의 원동력이 되었던 것도 틀림이 없다.

니켄세케이의 웹 사이트를 보면 지금은 '본사'의 소재지가 도쿄도 치요다구 이다바시라고 적혀 있지만, 21세기 초였던 2004년까지만 해도 오사카가 '본사'였다.

앞서 언급했듯이 니켄세케이의 전신이 되는 스미토모 본점 임시 건축부가 1900년에 출범한 장소는 바로 오사카다. 전후 1950년에 일본 건설 산업으로부터 니켄세케이 공무가 나뉘어졌을 때도 거점은 오사카였다. 이때는 본점과 오사카 사무소의 직원이 60명, 도쿄 사무소가 14명, 나고야 사무소가 18명으로 오사카의 직원 수가 압도적으로 많았다. 도쿄권의 일이 급격히 늘어난 것은 니켄세케이 공무 초대 사장을 맡은 오자키 큐스케가 도쿄권의 민간 클라이언트를 개척했기 때문이다.

오사카 사무소에서 미나이 키미아키, 도쿄 사무소에서 하야시 쇼지가 두각을 나타내면서 오사카와 도쿄의 라이벌 관계가 선명해진다. 이 두 사람이 '도쿄와 오사카의 얼굴'로서 리더십을 발휘한 기간은 1960년 후반부터 25년 이상에 이른다.

> "오사카 사무소 사람들에게 도쿄 사무소는
> 다른 회사나 다름없는 적이었다."
> _ 오타니

▪ 도쿄 소재 은행 대부분을 오사카가 담당

두 사람의 라이벌 관계를 생각했을 때 복잡한 문제는 당시 도쿄 소재 은행 대부분을 미나이가 이끄는 오사카가 담당하고 있었다는 점이다. 예를 들어, 오타니가 입사하는 계기가 된 '산와은행 본점'(1973년, 현존하지 않음)은 미나이의 대표작 중 하나이며, 회장이 되고 나서 완성된 '일본장기신용은행 본점'(1993년, 현존하지 않음)도 미나이의 리더십으로 완성되었다.

업무 효율을 생각하면 지역에서 담당을 나누는 것이 좋겠지만, 당시는 일을 의뢰받은 사람이 프로젝트를 담당한다는 암묵의 룰이 있었다. '클라이언트 최우선'이라는 사명의 표현이라고도 할 수 있을 것이다.

이러한 미나이와 하야시의 라이벌 관계에 대해서는 니켄세케이의 어느 자료를 읽어도 나와 있는 것이 없다. 그런 기록이 없다는 것은 단순한 라이벌 관계만은 아니라는 뜻이리라.

직원들에게 물으면 지금도 오사카의 직원들에게는 도쿄를 라이벌로 여기는 의식이 적지 않게 남아 있는 것 같다. 기업을 경영하는 입장에서는 '언제나 사이좋게'가 꼭 좋은 것만은 아니다. 점균적인 생명력을 지속하기 위해서는 이러한 라이벌 의식도 장래에 계승해야 할 요소일지 모른다.

▪ 디자인에 대해 말하지 않고, 목표로 하는 디자인이 정해져 있지 않은

'디자인에 대해 직원들끼리 말하지 않는다.' 이것은 야마나시와 오타니가 이미 말한 바 있고 직원 취재에서도 여러 명이 입을 모아 같은 이야기를 전했다.

그럼에도 불구하고 많은 사람들이 미나이·하야시 시대 30년간 도쿄와 오사카에는 각각의 '니켄다움'이 존재했다고 공통적으로 말한다. 미나이의 특징인 '공예적이고 현인 취향의 디자인'과 하야시의 특징인 '첨단기술을 채택한 전달하기 쉬운 디자인'이 그것이다.

이번 디자인 전략 회의의 문제의식 중 하나로 '니켄다움이 사라지고 있다'는 지적이 있었다. 그러나 120년의 역사를 되돌아보면, '니켄다움'이 명확했던 미나이·하야시 시대가 '특수한 시대'였던 것 같다.

> "일을 의뢰받은 사람이 프로젝트를 담당하는
> 암묵적 룰이 존재했다"

▪ 건축사 전문가의 눈에 비친 60년대 초의 니켄세케이

두 사람의 시대가 도래하기 직전, 1962년 건축사 전문가가 쓴 리포트에서도 '니켄다움'에 관한 이야기를 엿볼 수 있다. 다음은 건축전문지 「신건축」에 건축사 전문가인 하마구치 류이치가 무라마츠 데이지로와 함께 연재한 '르포르타주: 설계 조직 파헤쳐 보기' 가운데 니켄세케이 공무에 관한 내용이다.

> 니켄세케이의 작풍에 관해서 말하자면, 원맨 컨트롤은커녕, '무통제'적이라고 해도 좋을 만큼 '다두적', '집단적'입니다. 니켄 KK(공무 주식회사)가 500명이 넘는 놀랄 만큼 큰 조직으로 팽창했던 것도 집단적 성격에서 기인한다고 말할 수 있습니다.
>
> 이것은 니켄의 조직 내부에서 젊은 세대 직원들이 꽤 자유롭게, 각자 하고 싶은 작풍을 선택하는 것이 허락되는, 일종의 '디자이너 천국'을 만들어 내고 있습니다. 수뇌부는 기업으로서 설계를 진지하게 고민하고 젊은 직원들은 자아를 주장하는 로맨틱함을 동경하게 됩니다. 과장해서 말하면, 매우 희극적인 조직입니다.
>
> (「신건축」 1962년 1월호 '르포르타주: 설계 조직 파헤쳐 보기' 하마구치 류이치, 무라마츠 데이지로의 기사에서 인용)

이 기사에서는 니켄세케이라는 조직이 낱낱이 파헤쳐진 것처럼 보인다. 조직으로서 디자인에 통일감이 없다는 것은 당시 건축사 전문가의 눈에는 매우 신경 쓰이는 일이었다는 것을 알 수 있다.

▪ 디자인 리뷰로 방향 정하기

이 문장이 쓰인 1962년은 미나이 키미아키나 하야시 쇼지가 건축계에서 그다지 알려지지 않은 시기다. (하야시의 출세작인 산아이 드림센터는 1963년에 완성된다). "젊은 직원들은 자아를 주장하는 로맨틱함을 동경한다"고 쓰인 부분에서 미나이나 하야시는 분명 화가 났을 것이다.

미나이와 하야시는 각자 자신이 목표로 하는 디자인으로 주위의 직원들을 유도해 갔다. 이를 위한 장소로 기능한 것이 지금으로 이어지는 '디자인 리뷰'다. 니켄세케이에서는 전통적으로 프로젝트 진행 과정에서 여러 번 팀원 이외의 직원들에게서 디자인에 대한 의견을 받는 자리를 마련하고 있다.

"원맨 컨트롤은커녕,
'무통제'적이라고 해도 좋을 만큼
'다두적', '집단적'인 작풍."

디자인 방향 결정 단계에서 실시하는 것을 'DO(Design Orientation)', 설계 과정에서 수행하는 것을 'DR(Design Review)'이라고 한다.

흥미로운 것은 이 프로세스가 전신인 하세베·타케코시 건축 사무소에도 있었던 것이라는 점이다. 앞서 말한 하세베·타케코시 건축 사무소의 '사원 윤리규범'에도 디자인 리뷰와 똑같은 항목이 있다.

- 설계 진행 중 중요한 결정은 모두 설계 심의 회의에 부속하는 것으로 한다.

미나이와 히야시는 이를 형식적인 승인의 장이 아니라 실천적인 의견 교환의 장으로서 기능시켰다.

"높은 직위의 사람들이 즐비하게 늘어선, 회의실의 숨 막히는 분위기를 참을 수 없었다"며 당시를 기억하는 직원도 있었다. 다만 미나이·하야시 시대에도 '이 방향성으로 나아가라!'는 명확한 지침은 없었다. 기본적으로는 각 담당자의 아이디어를 살리면서 디자인 리뷰에서 나온 의견을 참고로 각자가 생각하는 '니켄다움'을 더해 갔다. 이번 디자인 전략 논의는 어떤 방향으로 귀결할 것인가. 다시 그 논의로 돌아가 보자.

5장

고정된 이념이 아니라 시대의 변화에 따라 형태를 바꾸는 'Goals'로

대기업에서는 창업자나 역대 카리스마 있는 경영자의 언어가 기업의 이념이 되는 곳이 적지 않다. 예를 들면, 자동차를 만드는 혼다의 기본 이념은 '3가지의 기쁨', 즉 "만들어서 기뻐하고, 팔아서 기뻐하고, 사서 기뻐한다"이다. 이는 창업자인 혼다 무네이치로의 말로 1951년 「혼다 월보」에 게재된 것이다.

경영층의 판단으로 경영 이념을 재검토하는 조직도 있다. 예를 들어 미국 마이크로소프트의 경영 이념은 지금까지 여러 번 바뀌었는데, 창업자 빌 게이츠가 초기에 내건 미션은 "A computer on every desktop and in every home(모든 책상과 모든 가정에 1대의 컴퓨터를)" 이었다.

그 미션은 실제로 이루어졌다. 2014년 CEO가 된 사티아 나델라는 이제 새로운 미션을 내걸었다.

"Empower every person and every organization on the planet to achieve more(지구의 모든 개인과 모든 조직이 더 많은 것을 달성할 수 있도록)."

그 어느 이념도 매우 알기 쉽다. 그러나 니켄세케이와 같이 "모든 사원으로부터 의견을 듣고 방침을 만든다"는 진행 방식이라면 그것은 결코 알기 쉬운 '경영자의 언어'에 속하지 않을 것이다. 다른 직원들과 마찬가지로 논의가 시작되자마자 필자는 바로 그렇게 생각했다.

●⋯⋯ 인터넷상에 '히로바' 오픈

2020년 6월 12일, '니켄 디자인 히로바'가 인트라넷에 오픈되었다. 두 명의 최고디자인책임자로부터 히로바의 오픈을 알리는 메일이 도착했다.

▪ '디자인 전략'에 대한 의견을!

니켄세케이, 최고디자인책임자 야마나시 토모히코와 오타니 히로아키가 여러분을 안내합니다. 디자인 회의에서 '니켄세케이 전체를 관철하는 디자인 전략'을 정리하게 되었습니다.

'디자인'이라고 하면 건축 설계를 담당하는 일부 임직원만의 문제로 느껴질지도 모릅니다. 그러나 건축, 도시 및 그곳에서 활동을 창출하기 위해 모티베이션과 크리에이티비티를 가지고 일하는 니켄 그룹 전역 직원의 활동은 광범위한 의미의 '디자인'에 관련되는 것이며, 이러한 디자인 전략을 함께 생각하는 것은 전 임직원에게 있어서 매우 중요한 문제라고 생각하고 있습니다.

이러한 이유로 디자인 전략은 사내 일부 사람이 생각하고 일방적으로 지시하는 것이 아니라, '임직원의 목소리'에서 구축되어야 하는 것이고, 오히려 임직원이 니켄 그룹의 디자인을 어떻게 발전시켜 나가야 할지 함께 고민하는 것이야말로 최강의 디자인 전략이 되지 않을까 생각하게 되었습니다.

이러한 이유로 의견을 모으고 교환하는 장소로서 인트라넷상에 '니켄 디자인 히로바'를 마련했습니다. 논의의 테이블로서 디자인 전략의 초안 '니켄 디자인 골즈'를 공개합니다. 이와 관련해 디자인 전략이나 그 초안인 '니켄 디자인 골즈'에 대한 의견, 또 어떤 목표를 설정하고 싶은지, 골즈를 프로젝트에 반영시키려면 어떻게 해야 하는지에 대한 제안, 애프터 코로나 패러다임 시프트를 근거로 한 제안 등을 모집합니다. 취지를 잘 이해하시고, 현재 상태에 대한 비판보다는 더 나은 미래를 위한 의견을 많이 보내 주시면 좋겠습니다.

니켄 디자인 히로바
인트라넷상에 만들어진 의견 교환의 장 메인 페이지.

▪ '디자인 회의에 따른 초안'

(1) 디자인 전략의 목적

디자인을 향상시키기 위한 원칙과 목표를 만드는 목적은 니켄 그룹이 다루는 건축이나 도시 등의 디자인 퀄리티 향상입니다. 최고 레벨을 한층 더 향상시키는 것을 목표로 해야 합니다. 과제는 효과적이고 알기 쉬운 원칙과 목표를 어떻게 만들어 내는가 하는 데 있습니다.

• 발상을 제한하지 않는다 ― 룰이 아니라 창의력을 불어넣는 장치여야 합니다.

한편, 그룹을 관철하는 강한 전략이라는 것이 디자인에 있어서 가장 중요한 임직원의 자유로운 발상을 제한하는 룰이나 틀로서 작용하게 되지 않을까 하는 우려의 목소리도 있습니다. 무엇보다 디자인 전략은 임직원의 영감과 창조력을 높이는 장치와 같은 것이어야 합니다.

> "다 함께 생각하는 것이야말로,
> 최강의 디자인 전략"

• 니켄 그룹만의 디자인 ― 디자인은 전 임직원의 문제입니다.

니켄 그룹만의 디자인이라면, 직접 관련된 디자이너의 '좁은 의미로의 디자인'뿐만 아니라, 그룹 연계나 부문 간 연계에 의한 디자인도 중요합니다. 오히려 니켄 그룹의 디자인을 지원해 온 것은 엔지니어링 부문, 도시 부문, CRS, 코퍼레이트 부문 등 모든 임직원의 동기 부여와 크리에이티비티이고, '넓은 의미에서의 디자인'이라고도 부를 수 있는, 우리의 중요한 특징과 전통의 하나라고 생각합니다. 니켄 그룹의 디자인의 경우 결국 직원 모두와 관련된 문제가 아닐까요?

• 구체적인 목표로 ― 추상론은 일단 접어 두고

전략이라고 하면, '디자인이란?', '니켄 그룹의 디자인 비전이란?' 등의 추상론으로부터 대화가 시작되고 맙니다. 그것은 그것대로 필요한 논의입니다. 그러나 지금까지도 많은 사람들이 그 답을 얻으려고 시도했지만 납득할 수 있는 대답에 도달하지 못하는 것을 보면 이것은 우리가 좀 더 긴 시간을 두고 생각해야 할 테마이며, 직원 수만큼의 각각 다른 정답이 있는 것 같습니다. 그래서 이번에는 논의를 더 확산시키지 않기 위해서 디자인에 대한 추상적인 논의는 일단 접어 두고, 니켄 그룹이 나아가야 하는 구체적인 디자인을 목표로 좁혀 생각하고 싶습니다.

(2) 디자인 전략을 'NIKKEN Design Goals'로 정리

다양성의 시대, 다양한 건축과 도시 설계 의뢰를 받아 다양한 직종을 가진 사람들이 계획·설계하는 니켄 그룹의 디자인 전략을 하나의 골에 수렴시키는 것은 분명 무리가 있습니다. 그러나 '골즈'라는 복수형으로

다양성을 반영할 수 있고, 정리한 골즈 중에서는 분명 '니켄다움'이 보일 것 같은 예감도 듭니다. 이런 점에서 구체적이고 실천적인 여러 디자인 골에 의해 디자인 전략을 만드는 것, 즉 '니켄 디자인 골즈'로서 정리하는 것을 제안합니다.

> "하나의 골에 수렴시키는 것은 불가능,
> 정리한 Goals 중에서 '니켄다움'이
> 보일 것이라는 기대."

● ⸳⸳⸳⸳⸳ '히로바' 개설 첫날 투고가 시작되다

투고 첫날의 상황을 살펴보자. (야마나시와 오타니만 실명으로 적는다.)

〈2020년 6월 16일〉

Y: 모처럼의 기회이므로 깊게 생각하지 않고 써 봅니다! 니켄세케이가 만일 '디자인 전략'을 가진다고 하면, 환경 배려, 레질리언스, 퍼블릭 스페이스 등 최근에 사용되어 온 설계상의 표현들과 무엇이 다른 것입니까? 또한 최근 브랜딩에 의해 태어난 'EI'(니켄 그룹의 태그 라인 'EXPERIENCE, INTEGRATED')[30]와 무엇이 다른지 궁금합니다.

※30

「EXPERIENCE, INTEGRATED」(EI)

카메이 사장시대 2017년 7월에 발표된 니켄그룹의 태그 라인. 그룹 내에서는 「EI」로 약칭. 「다양한 경험을 모아, 다양한 체험을 드립니다.」의 의미. 새로운 로고와 함께 발표되었다.

입사해서 오랜 시간이 지났습니다만, 프론트 로딩이나 설계 업무 개선을 위한 많은 툴이 만들어지고 사라지는 것을 보면서, 최근 일상 업무에서 가장 도움이 된 툴이라고 느낀 건 'EI = 체험/경험/인테그레이티트'라고 하는 태그 라인입니다. 디자인으로 어려움을 겪을 때 순수한 기분이나 발상의 원점으로 돌아가 정리가 된다는 의미입니다.

이번 '니켄 디자인 골즈'라고 하는 것이 무엇인지 아직 정확히는 모르겠지만 그런 식의 일상적으로 도움이 되는 무언가라면 좋겠다고 생각했습니다.

그런데 경쟁사의 설계 사무소들은 디자인 비전을 가지고 있습니까? 특히 해외에서 많이 경쟁하는 조직 설계 사무소는 가지고 있을 것 같습니다만, 일본 국내보다는 해외에서 디자인 전략을 가지는 것은 유효하다고 생각합니다.

J: 확실히 해외가 무대가 되면 여러 나라에서 수백 개의 설계 사무소와 경쟁하는 것이므로 뭔가 특징적이고 눈길을 끄는 비전을 가지고 있는 것이 중요하다고 생각합니다. 차별성이 없다면 경쟁은 커녕 설계 경

기에 초대되지도 않기 때문이죠. 그렇지만 어쨌든 눈에 띄는 디자인, 멋 있는 디자인으로 승부하는 것보다 '니켄이니까 할 수 있는 디자인'으로 차별화를 도모하면서 승부해 나가는 것이 필요하다는 생각이 듭니다. 중요한 것은 '디자인만을 목표로 하지 않는 디자인 목표'가 아닐까요.

I: 'ARUP'(세계 각국에서 활동하는 엔지니어링 회사)의 태그 라인은 "We shape a better world"입니다. HP는 엔지니어링 관점에서도 'total design'을 표방하고 있고, 그 생각은 아주 잘 전달되어 시사하는 바가 풍부하다고 생각합니다. 니켄세케이는 도시도 토목도 CM에서도 디자 인을 말할 수 있기 때문에 보다 큰 전체상을 그릴 수 있을 것입니다.

야마나시: Y 씨, "해외에서는 디자인 전략을 가지는 것이 유효하다는 생각이 든다"라고 쓰셔서 말인데요, 우선은 그 시작으로 해외를 위한 디 자인 전략을 생각해 주시면 어떨까요? 그 생각이 어느 정도 완성이 되 면 왜 일본에서는 그것을 사용할 수 없는가에 대한 답이 나올 것이고 구 체적으로 '일본의 디자인 전략은 어때야 하는가?'를 찾는 실마리가 될 수 있을지도 모릅니다.

K: 야마나시 님, 중국을 포함해 해외 프로젝트 담당자는 밤새워 그 생각을 하고 있습니다. 국내 기술력의 니켄이 해외에서는 왜 성과가 없 는 것인가? 혹시 일본 국내 시장이 특수한가? 그리고 해외에서 일본을 역조사하면, '일본의 디자인이란 무엇인가'를 가늠할 수 있을 것 같은 생 각이 듭니다. 바로 야마나시 님이 말씀하신 대로.

야마나시: K 씨, 전체를 망라하는 골즈가 아니라 개별의 구체적인 디

자인적 과제에 대한 구체적이고 유효한 골을 쌓아 가면, 그 연장선에서 골즈가 보일 것 같다고 생각합니다. 그리고 아직 때가 보이지 않더라도 쌓아 가 봅시다. 이것을 반복하는 과정에서 니켄다운 골즈가 조금씩 만들어지면 좋지 않겠습니까?

●······ 커뮤니티 투고에 '망설임'도

적어도 첫날에는 야마나시와 오타니가 우려한 '강한 부정'의 글은 없었다. 그러나 그 진의를 측정할 수 없는 경우는 적지 않았다. 오랫동안 야마나시 그룹의 한 멤버였던 와타나베 유키(설계 부문 디렉터)도 그러한 경우 중 하나이다.

"디자인의 룰을 만드는 것이 도대체 무슨 의미입니까? 니켄에는 니켄다움이 없다는 것은 예전부터 당연히 알고 있던 사실입니다. 다양한 방향을 가지고 있는 것이 니켄세케이의 장점이자 특징입니다. 그런데 지금에 와서 무엇을 위해 변화를 추구하는 걸까? 하는 생각이 들었습니다."

어느 날 와타나베가 야마나시에게 물었다.

"야마나시씨가 룰을 만들고 싶다고 이야기하는 것은 아무래도 이상하게 보입니다. 왜 야마나시씨가 그것을 유도하는 겁니까? 누구보다 그런 말은 하지 않을 것 같은 사람이 말입니다." (웃음)

야마나시는 이렇게 대답했다. "룰을 만들자는 것은 아닙니다. 디자인을 향상시키는 베이스를 만들자는 이야기입니다."

"뜻을 높게 갖자는 이야기라면, 그건 수긍할 수 있습니다."

> "야마나시가 규칙을 만들고 싶다고
> 이야기하는 것은 아무래도 이상하다.
> 누구보다 그런 말은
> 하지 않을 것 같은 사람이 말이다."

●⋯⋯ 한편에서는 "너무 늦은 논의" 라는 목소리도

반대로 이 논의에 큰 기대를 보이는 이들도 있었다. 나중에 디자인 컨퍼런스 멤버로 들어오게 된 정병균(설계 부문 디렉터)도 그중 한 명이다.

"너무 늦었지만 지금이라도 그러한 논의가 시작되어 다행입니다. 오래전부터 있어야 한다고 생각했습니다."

정병균은 한국에서 태어나 자랐고 대학원부터 일본으로 건너와 니켄세케이에 취직했다. 지금은 중국 프로젝트를 담당하고 있다.

"중국 프로젝트에서는 매번 팀 멤버가 바뀝니다. 그래서 매번 지향하는 비전을 공유하는 데 시간이 걸립니다. 룰을 만들었다고 해서 그것을 모두 적용할 필요도 없고, 베이스를 만들어 놓고 응용해 가는 것이 좋다고 생각합니다. 베이스를 통일해 놓는 것만으로 크리에이션의 에너지를 집중할 수 있습니다."

조금 의외인 점은 설계 부문 이외에서도 이 논의에 기대를 걸고 있는 이들이 있었던 것이다. 예를 들어, 구조 설계 부문 코우노 토시히코(펠로우 임원, 엔지니어링 펠로우)는 이렇게 말한다.

"사내에서 팀을 구성하여 설계를 하고 있을 때에도 디자인까지 들어간 깊은 논의는 거의 없었습니다. 설계 담당자로부터 여기는 원이 좋다든가 사각형이 좋다든가 같은, 그러한 이야기는 나오지 않습니다."

덧붙여 말하자면 코우노는 야마나시와 함께 프로젝트를 진행하는 경우가 많다. '호키 미술관'(136페이지 참조)으로 일본 구조 디자인상을 수상하고, '토호학원대학 조후 캠퍼스 1호관'으로는 야마나시와 함께 일본 건축학회상 작품상을 수상했다.

코우노가 말을 이었다.

"야마나시씨는 디자인을 말로 하는 편이지만, 그걸 정확하게 말하지도 않습니다. 엔지니어는 그것을 감으로 받아들이고 제안을 합니다. 그래서 엔지니어도 공격적인 제안을 할 수 있었습니다. 하지만 최근에는 구조 그룹 안에서도 컴퓨터의 세계에 머물러 있는 사람이 늘어나고 있습니다. 그래서 리얼한 건축 디자인에 관한 의식이 누락되는 느낌이 있었습니다. 그런 의미에서 이번의 논의가 어떻게 전개될지 흥미진진합니다."

> "엔지니어 입장에서도
> 논의가 어떻게 진행될지 흥미진진하다."

● ······ **"아마추어는 조용히 해"에서 탈피**

　개개인이 생각은 있어도 갑자기 강한 의견을 피력하는 데는 용기가 필요하다. '디자인 이야기를 거의 하지 않는다'는 것이 전통인 회사이므로 더욱더 그럴 것이다. 히로바 개설 후 며칠 동안은 '분위기 파악'을 하는 정도의 투고가 계속되었다. 흐름이 바뀌기 시작한 것은 5일째의 투고로부터다.

　〈2020년 6월 16일〉

　H: 단적으로 말하겠습니다. 화내지 마세요. (웃음)

　"니켄세케이 디자인은 홈페이지를 봐도 보수적이고 지루한 것이 많습니다. 메시지도 느껴지지 않습니다." "사진들이 너무 일관적이고 종합건설회사(제네콘)처럼 보입니다." 등의 직설적인 의견을 어느 편집자로부터 들은 적이 있습니다.

　이에 대해, "아마추어는 조용히 해"라고 하는 분위기가 니켄세케이 안에 분명 존재한다고 생각합니다. 이러한 인식을 거꾸로 생각해 보면

'초보자에게 인식되지 않는 디자인은 디자인이 아니다'라고 하는 평가 기준을 디자인 리뷰의 하나의 골로 설정하는 것은 어떻습니까? 프로젝트마다 그 가중치는 다르겠지만 말입니다.

K: 오! 매우 공감합니다! 저도 그렇게 말하고 싶었습니다. 저 역시 '아마추어의 의견'에야말로 본질이 포함되어 있다고 생각합니다. 클라이언트의 의견을 집요하게 디자인하는 것을 좋아합니다. 대의어는 '포퓰리즘에의 영합'일까요.

U(그룹 회사의 사원): "아마추어는 조용히 해"라는 분위기를 없애는 것에 한 표!

도대체 누구를 위해 체험을 통합해야 할까를 생각해 보면, 꼭 지금 모습을 보여 주지 않더라도 자발적으로 새로운 길을 찾아갈 수 있다고 생각합니다.

Y: 너무 공감합니다. 홈페이지는 깔끔하지만 사회에 전달하는 '메시지'는 "깔끔한 건물을 만듭니다"에서 멈추는 것 같습니다. 니켄은 BtoB(Business to Business)회사지만 '풍부한 경험'을 하는 것은 사용자(아마추어)라고 생각합니다. 사상이나 스토리에 대한 '개인'의 공감이 중요한 시대에 '풍부한 경험'을 전하는 것이 디자인의 중요한 역할이라고 생각합니다.

> "사회에 전달하는 '메시지'는
> '깔끔한 건물을 만듭니다'에서 멈추는 것 같다"

●⋯⋯ 해외 프로젝트 경험자에게 공통되는 위기감

개설 3일 만에 히로바 등록자는 300명을 넘어섰다. 등록 후 히로바에 투고를 하면 '땡동' 하는 전자 알림이 온다. 매일 30건 정도의 투고가 쌓였고, 알림 소리가 날 때마다 컴퓨터를 보게 되었다. 해외 프로젝트에 대한 코멘트가 늘기 시작했다.

〈2020년 6월 16일〉

O: 콘페에 강한 해외 사무소가 해외에서 어떻게 싸우고 있는지 생각해 보는 것도 니켄세케이 골즈를 만드는 데 도움이 될 것 같습니다. 예를 들어 중국에서 일류라고 불리는 건축가나 설계 사무소가 어떻게 활발하게 활동하고 있는지 살펴보는 것이죠. 경쟁에서 '왜 강한가' 생각해 보면, 아웃풋도, 문제 해결도, 협상이나 계약에 대해서도 당연히 자신들이 자국에서 실천해 온 중요한 가치와 경험의 연장선으로 생각하고 자신 있게 제시하고 있기 때문입니다. (중략)

그러나 프로젝트를 담당하는 개인으로서 전례와 같은 것을 반복하는 게 반드시 동기 부여와 연결되지는 않습니다. 오히려 반복은 '자기 모방'이라는 부정적인 이미지가 있습니다. 이것은 니켄과 같이 대형 설계회사, 특히 건축 설계자들이 반복으로부터 거리를 두는 이유입니다. 자신이 신입사원이었던 시절의 니켄은 각각 자립한 개인의 집단, 하나의 작풍이 보이지 않는 것이 강점이었다며, 그것을 오랫동안 선언하고 있었습니다. 그러나 그것은 일본에서 구축된 이미지에 불과하고, 세계를 무대로 일하는 지금은 어필 포인트가 결여된 것처럼 보입니다.

J: 중국이라든가 해외의 클라이언트로부터 제일 많이 듣는 이야기는 이겁니다, "디자인 아키텍트로서 보다 눈길을 끄는, 매력적이고 경쟁력 있는 디자인을 해 주세요." 거기에 아무 생각 없이 디자인에만 몰두하다 보면 큰코다치는 수가 있어 주의가 필요합니다만, 무언가 그 주문에 부합되는 디자인적인 답을 내지 않으면 안 되는 상황도 있습니다.

니켄세케이는 어떤 디자인적인 특징이 있을까요? 개인의 역량에 따라 다르겠지만, 의외로 선택이 좁다는 문제에도 직면하고 있습니다. 새로운 도전보다 실패를 최소화하려는 태도로 일을 한다면, 디자인을 컨트롤하기는 쉽지만 지금까지의 성공 패턴을 답습하는 데 그칠 겁니다. 실패해도 좋으니까, 지금까지 도전한 적이 없는 디자인에 조금씩 도전하는 분위기가 만들어지면 좋을 것 같습니다. 건물의 외관만을 디자인하는 것은 문제입니다만, 건축의 근본적인 변형에 너무 소극적이라 다음 스테이지에 도달하지 못하는 것이 더 큰 문제 아닐까요?

K: 니켄세케이의 '디자인 아이디어의 압도적인 부족'을 눈치채셨군요. 해외에서 일을 하다 보면 니켄은 '형태적인 디자인'이 매우 약하다는 것을 깨닫게 됩니다.

"세계에서 일이 늘어난 지금,
디자인에 차별성이 없다면 살아남을 수 없습니다."

<2020년 6월 17일>

H: 문득 든 생각입니다만, 'DO(방향성 회의)'나 'DR(디자인 리뷰)' 때 뭔가 한 가지 그 프로젝트에서의 '챌린지'를 명확하게 하면 어떨까요? 재료든 비용이든 엔지니어링이든 괜찮습니다만, 하나는 반드시 새로운 가치를 제안하는 겁니다. 구체적으로 말이죠. 그것이 디자인으로 연결될 것 같습니다. 다양한 프로젝트가 있기 때문에 다양한 레벨의 도전이 될 수 있어 좋을 것 같습니다!

오타니: 네, 바로 그겁니다. 그것을 DO/DR의 중심으로 삼으려고 디자인 회의에서도 이야기하고 있습니다. 수많은 디자인 골즈 중에서 설계자가 선택한 골에 어떻게 도전해 나갈지 묻는 것이죠. 넓은 의미, 좁은 의미, 우파, 좌파, 전위, 후위, 여러 가지 챌린지가 나올 수 있다고 생각합니다.

K: "재료든 비용이든 엔지니어링이든 괜찮습니다만, 하나는 반드시 새로운 가치를 제안하는 것." H 씨가 말하는 그것이 바로 '테마'입니다.

●⋯⋯ 친숙한 과제인가, '문샷(MoonShot)'인가

개설 5일째부터 "골즈가 많아도 좋다." "각각의 친밀한 과제를 말해 보면 좋지 않을까?" 등 의견이 늘어나기 시작했다. 이에 대해 오타니는 "실현이 어려운 높은 목표를 설정합시다"라고 부드럽게 적었다.

O(그룹 회사 사원): 디자인 골즈를 이끌 때 여러 가지 답이 있어도 좋다면, 디자인에 임할 때, 각각 자신에게 부과하고 있는 과제를 집약하는 것으로 해결되지 않을까 생각했습니다. 아마도 모두 각자의 철학을 가지고 일에 임하고 클라이언트의 요구나 다양한 여건을 넘어 새로운 가치를 낳기 위해 자신에게 부과하고 있는 목표가 있을 거라고 생각합니다.

최소한의 극복해야 할 목표가 아니라 스스로 주체적으로 열의를 가지고 넘어설 수 있는 목표 말입니다. 그것들을 집약한 내용을 여러 개의 골즈로 설정하고, 각 프로젝트마다 특성에 따라 선택해서 넘어야 할 지표로 삼는 것으로 프로젝트의 한계를 넘기 위한 툴, 지표로서의 골즈가 완성되는 것은 아닐까 생각합니다.

모두 각자의 생각을 말하는 것도 좋지만, 한번은 많은 직원들로부터 '일을 통해서 무엇을 실현하려고 하는지'를 모아 보면 어떨까요?

Y: 일단 모두가 심플하게 '골즈의 씨앗'을 키워드나 짧은 문장으로 이 아래에 계속 달아 보면 어떨까요? 1,000명 이상이 보고 있기 때문에 한 사람당 하나라고 해도 1,000개가 됩니다. 그러니 계속 달아 주세요.

"다양한 레벨의 도전이 있는 것은 좋다!"

〈2020년 6월 19일〉

N: '이 멋진 디자인으로 수익을 창출할 수 있는 방법은 없을까?' 생각할 때가 있습니다. 디자인에 들인 시간 이상으로 높은 이익을 창출하려면 '무엇이 필요한가?'를 항상 생각하고 있습니다.

오타니: 솔직히 말해 수익 창출에 흥미가 없는 사람이 너무 많습니다. 저도 그중에 한 명입니다. 자신이 제공하는 가치에 자신 있다면 결과가 적자여서는 안 된다는 걸 최근에야 깨달았습니다. 더 높은 가치를 제공하는 것으로 고객을 윤택하게 하고 그 대가를 받는 것이 회사 전체에도 좋은 사이클이 되어 돌아올 것이라고 생각합니다.

I: 동감입니다. 자신의 가치를 높이고 그만큼 적정하게 대가를 요구한다는 것은 자존감과도 직결됩니다. 결코 싸게 팔지 않고 새로운 부가가치를 만들어 그만큼의 대가를 받는 사이클을 만드는 것이 니켄세케이의 품질을 향상시키는 길이라고 생각합니다. 우선은, 마음가짐입니다!

오타니: 좋다, 나쁘다 하는 이분법적 기준이 지배하는 사내 분위기가 되지 않도록 골즈는 조금 부드럽게 혹은 쉽게 닿지 않는 먼 목표로 정하는 것이 좋지 않을까 생각합니다. 조금 손보는 정도로 달성 가능한 적

당한 목표는 시시하지 않습니까? 'SDGs(지속 가능한 개발 목표)'를 생각해 보면, 2030년까지 쉽게 도달할 수 없는 목표가 세워져 있습니다. 그 골즈를 향해 인류가 뜻을 모으자는 거대한 이야기입니다.

니켄 그룹이 내걸게 될 디자인 골즈 2020도 이와 같이 당장 달성하기는 어렵지만, 10년 정도의 시간을 목표로 한 '문 샷(달에 화살을 쏘는 도전)'이 되면 좋을 것 같습니다. 각 분야에 숨어 있는 도전들을 찾아내는 노력이 이번 골즈 찾기의 목표가 아닐까요?

H: 'SDGs'의 큰 화두인 17개의 목표는 확실히 엄청난 것으로 보입니다만, 그 아래에 있는 각 카테고리의 목표는 우리가 무엇을 해야 하는지 더 구체적으로 보여 줍니다. 17개의 목표 아래에 169개의 구체적인 목표, 232개의 구체적인 지표가 있습니다. 이것을 자세히 보면 근본적으로 무엇이 문제인지, 구체적으로 어떻게 임하면 되는지 알 수 있습니다.

SDGs를 참고하면 어떨까요? 문샷으로 보이는 골의 하층 레이어를 체크하면 보다 구체적인 지표나 과제가 나타납니다. 이와 같은 구조가 되면 좋을 거라는 생각이 듭니다.

SDGs는 마이너스를 줄이는 문제 해결형의 대처이므로 보다 많은 사람이 공유하기 쉽고 납득하기 쉽지만 디자인에 관한 과제는 불편한 환경을 개선하는 등의 마이너스를 줄이기 위한 과제 설정보다는 좀 더 고차원적인 개념을 가지고 '행복'이나 '풍부한 체험'과 같은 개개인마다 척도가 다른 것을 플러스시키는 어려운 과제입니다. 이런 것들을 종합한 목표 설정이 필요하다고 생각합니다.

"수익 창출에 흥미가 없는 사람이 너무 많습니다.
저도 그중에 한 명입니다."

- 오타니

●······ 골즈는 '성게 가시'처럼

이날 밤, 오타니는 그룹 전체에 다음과 같은 메일을 발신했다.

2020년 6월 19일 20:34 오타니 히로아키

니켄 그룹 여러분

지난 주 금요일(6월 12일) 인트라넷에 '니켄 디자인 히로바'를 개설했고, 이제 자유롭게 투고하고 서로 의견을 나눌 수 있는 장소가 생겼습니다.

덕분에 개설 1주일 만에 600명이 넘는 사람들이 참여해 주었습니다.

원래 이 히로바에서 의견을 수집해 보고자 한 이유는 올해를 시작으로 그룹 차원을 넘어선, '디자인 전략'이라고 하는 미션을 야마나시와 제가 말한 것이 발단입니다.

니켄세케이에서 그리고 니켄 그룹 전체에서 '디자인'에 대해 고민하는 태스크포스가 존재한 적이 없었고, 실제로 니켄세케이 역사상 처음 실행되는 도전적인 시도입니다. 건축과 도시를 둘러싼 다방면의 업무 형태를 전개하며 크리에이티브 마인드를 가지고 일하는 우리에게 있어서 스스로의 조직에 '디자인'에 대해 명문화한 규범이 없다는 사실은 'NIKKEN의 7대 불가사의'의 출발점이 된 탄생한 이유가 아니겠습니까.

지금까지 오랜 시간동안 형태에 관한, '디자인'에 관한 얘기는 불문율로, 선배의 뒷모습, 전승 등의 일본적인 미사여구로 포장한 채 사고를 정지시키는 애매모호한, 그저 감각적인 무엇이었던 게 사실입니다. 과거에는 '디자인'에 관해 이야기하는 것을 쑥스러워하는 기풍이 있었고, 그런 것은 개개인이 생각할 일이라고 치부해 버리는 구시대적인 분위기가 강했다고 생각합니다. 미래를 전망할 수 없는 현재, 세계 무대에 도전하는 우리가 스스로의 존재 의의와 가치를 직접 논의하지 않는다는 것은 매우 슬픈 일입니다.

NIKKEN 브랜딩이 어중간한 상태에 있는 것도 이러한 이유라고 생각합니다. 좀 상투적인 이야기처럼 들릴지도 모르지만, 기원전 그리스 시대 아고라(광장)에서의 논의와 같이 직접 민주제에 의한 '시민 토론'을 해 보고자 합니다. 거기에서 나오는 다양한 의견 중에 새로운 시대에 맞서기 위한 열쇠가 있다고 믿습니다.

'디자인'이라고 부르지만 이것은 조형적인 디자인의 개념이 아닙니다. 여기서 말하는 '디자인'은 사회를 향한 넓은 의미의 제공 가치입니다. 영업이나 간접 부문에서 일하는 사람들도 가치를 제공합니다. 매일 넓은 의미의 '디자인'에 참여하고 있는 셈입니다.

니켄 그룹에 속하는 모든 사람들에게 관련된 일로서, '디자인'을 자신의 일이라고 생각하고 참여해 주시면 감사하겠습니다.

무엇보다 우선 '니켄 디자인 히로바'를 방문해 주세요.

"목표의 하층 레이어를 확인하면,
보다 구체적인 지표나 과제가 나타날 것입니다."

　이 메일이 발신된 이후 며칠간 히로바의 투고가 더욱 늘어났다. 등록
자 수는 6월 26일(개설 후 2주 경과) 1,000명을 돌파했다. 논의는 서서히,
① SDGs와 같이 많은 목표를 설정할 것, ② 각각 성게의 가시처럼 날카
롭고 특출할 것, ③ 매년 갱신할 것으로 방향을 정해 가고 있었다.
　구체적인 목표를 기록하는 페이지가 히로바 안에 설치되면서 '골즈
안'이 점차 수를 늘려 갔다. 2020년 초여름은 이 히로바가 신경 쓰여 일
에 집중할 수 없다고 하는 사람이 많았을지도 모른다. 필자도 그중에 한
명이다.

"'디자인 히로바'의 등록자 수가
2주 만에 1,000명을 돌파하다."

●⋯⋯ **복면 좌담회나 온라인 이벤트도 실시**

　지금까지의 논의를 지켜본 필자에게는 야마나시나 오타니가 처음부

터 걱정하고 있던 '강한 거부감'을 가진 투고가 거의 없는 것이 의외였다. 디자인 회의에 참여한 멤버들도 이 문제를 신경 쓰고 있었다. 관심 있는 사람들만 글을 적고, 위화감을 느끼거나 하는 사람들은 참여하기 힘들었던 게 아닐까. 그것조차도 그냥 넘어가지 않는 것이 니켄세케이의 신기한 기풍이다.

그런 이유로 'Integrator'라고 불리는 젊은 직원들 중심의 그룹 내 횡단 조직을 모집하고, 이들이 주최가 되어 '복면좌담회'를 실시하게 되었다. 각 부문이나 세대마다 5~6명을 모아 익명으로 의견을 말하는 자리로, 이것을 무려 30회나 실시하여 '디자인 히로바'에 개제하고 논의를 확대해 나갔다.

2020년 8월 27일 17시 30분~19시 30분 시험적으로 온라인에서 '디자인 이벤트'가 개최되었다. 120년의 역사를 통틀어 아마도 처음으로 열린 디자인을 테마로 한 그룹 내 이벤트일 것이다.

이벤트의 전반은 패널 토론, 후반은 두 명의 최고디자인책임자에 대한 인터뷰로 구성되었다. 후반의 인터뷰는 필자가 담당했다. 이 행사도 강제성은 없었지만 약 1,000명이 시청했다. 이벤트가 끝나고 디자인 골즈의 최종안이 제시되었고, 그에 대한 공개 코멘트가 2020년 10월 7일부터 10월 19일까지 모집되었다. 그리고 이를 반영한 최종판은 2020년 12월 24일에 직원들에게 발표되었다.

　　최종적으로 모인 골즈 안은 약 400개, 이것을 디자인 회의 구성원이 중심이 되어 비슷한 내용 등을 한데 추리며 정리하기 시작했다.

　　2021년판 '니켄 디자인 골즈'에는 15개 카테고리와 52개의 골즈가 선정되었다. 15개의 카테고리는 아래와 같다.

- 카테고리 01. 지구 환경을 철저하게 지키는 디자인

　(골즈1~6)

- 카테고리 02. 웰빙과 레질리언스를 생각한 디자인

　(골즈7~11)

- 카테고리 03. 차세대 모빌리티와 TOD(역·도시 일체 개발) 디자인

　(골즈12~15)

- 카테고리 04. 설계에서 운영까지 고려한 플렉시빌리티 디자인

　(골즈16)

- 카테고리 05. DX시대 도시와 건축의 프로토타입 디자인

　(골즈17~20)

- 카테고리 06. 굳이 새로 만들지 않는 디자인

　(컨버전, 리뉴얼, 재사용, 재활용, 보존, 감축, 해체 설계에 의한 디자인)

　(골즈21~23)

- 카테고리 07. 제도와 조직력 디자인

  (골즈24)

- 카테고리 08. 니켄 그룹 내 매커니즘 디자인

  (골즈25~28)

- 카테고리 09. 세계에서 선택받는 디자인/시그니처 아키텍트로서
  의 디자인

  (골즈29~33)

- 카테고리 10. 준법성, 리스크 관리 디자인

  (골즈34~37)

- 카테고리 11. 니켄 그룹만의 디자인

  (골즈38~41)

- 카테고리 12. 가치로 이어지는 디자인

  (골즈42~44)

- 카테고리 13. 조형적 디자인의 추구

  (골즈45~50)

- 카테고리 14. with/after COVID-19 디자인

  (골즈51~52)

- 카테고리 15. 미래의 골즈

  (골즈로 만들기에 지금은 너무 이를지도 모르는 골즈 후보)

각각의 골즈에 대한 자세한 내용은 다음 장에 나와 있다.

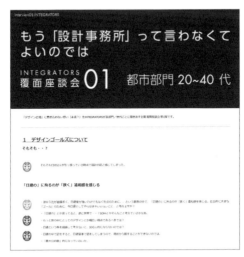

복면 좌담회

발언자의 아이콘은 복면 레슬러.

디자인 이벤트

방향성을 공유하기 위해 열린 온라인 디자인 이벤트의 홍보 페이지.

니켄세케이 오피스 풍경

6장

첫 공개, 이것이
'NIKKEN Design Goals'다!

●⋯⋯ 디자인 지침 'NIKKEN Design Goals'의 골격

니켄 그룹의 디자인 지침인 '니켄 디자인 골즈'(이후, NDG)는 다음 3단계로 구성되어 있다.

> ⟶ 비전
> ⟶ 골즈
> ⟶ 챌린지

⋯⋯ '비전'이란

모든 것의 근간이 되는 그룹 내에서 길러져 온 디자인에 관한 이념.

"니켄 그룹은 클라이언트의 생각을 실현하기 위한 다양한 기술과 지식을 가진 전문가 집단이다. 우리는 고객의 요구를 깊이 통찰하고 사회의 변화에 앞서 행동한다. 프로페셔널의 자유로운 발상과 기술을 합쳐 한층 더 높은 목표에 도전하고 기대를 넘어서는 가치 있는 사회 환경을 창조한다. 120년 이상의 경험과 실적을 바탕으로 클라이언트와 함께 사회 환경 디자인의 첨단을 개척, 풍부한 체험을 사회와 사람들에게 전달한다."

디자인의 '척도'가 되는 좁은 의미부터 넓은 의미에 이르기까지 다양한 방향성을 모은 카탈로그.

15개 카테고리로 구성, 52 골즈를 설정했다. 골즈는 고정된 것이 아니라 시대의 변화에 따라 사용하기 쉽고 보다 효과적인 목표로 설정, 수시로 재검토하고 갱신해 나간다.

프로젝트의 추진에 있어서 골즈를 염두에 두고 각 프로젝트 팀이 자발적으로 설정한 디자인의 구체적인 목표.

디자인 오리엔테이션/디자인 리뷰(이후, DO/DR)에서는 프로젝트 팀이 챌린지를 설정하고 논의함으로써 디자인의 질을 향상시키는 것을 목표로 한다. 챌린지 설정에 참고가 되는 NDG는 임직원으로부터 모은 다양한 챌린지 안을 나타낸다. (챌린지 안은 인트라넷 검색을 전제로 상당량이 존재함으로 본서에 게시한 것은 요약본이다.)

NIKKEN

01 Global Environment

02 Wellness & Resilience

03 Next TOD

07 Regulation Design

08 Organization Design

NIKKEN DE

11 All NIKKEN Design

12 Value Up Design

13 Sophisticated Design

전체 DO / DR 신청

HISTORY of

04 Flexibility Design

05 Digital Transformation

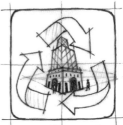

06 Conversion & Re-use

GN GOALS

09 Global Design

10 Risk Management

14 After COVID-19

15 Design for Dream

What is the next goal ?

the revision   About GOALS

지구 환경을 철저하게 지키는 디자인

골즈 01-01
지금까지와는 차원이 다른 정밀도로 환경이나 액티비티를 파악해 이를 반영한 건축이나 도시를 디자인한다.

골즈 01-02
축척된 지식에 세련됨을 더해 가는 동시에 지금까지와는 다른 시점, 모델, 시스템에 의한 환경부하 저감이나 환경보전을 디자인한다.

골즈 01-03
세계 물 부족 현실의 심각성을 인지하고 물 낭비를 억제한 제로 워터 시티(ZWC), 제로 워터 빌딩(ZWB)을 실현한다.

골즈 01-04
기후 변화가 심각한 시대의 건축/도시 환경 디자인을 실천한다.

골즈 01-05
획기적인 제로 에너지 빌딩(ZEB), 제로 에너지 하우스(ZEH)를 실현하고 도시와 연결되는 건축 환경을 설계한다.

골즈 01-06
분산형 도시 기능을 실현한다.
에너지/자원/사람의 커뮤니케이션을 디자인한다.

웰빙과 레질리언스를 생각한 디자인

골즈 02-01 만족감이 가득한 웰니스 건축/의료 복지 시설/교육 시설/도시의 첨단을 디자인한다.

골즈 02-02 과거·미래의 도시 재해를 상정하고 최신의 혁신적인 수법을 이용해 그에 대응한 탄력적인 도시와 축을 디자인한다.

골즈 02-03 웰빙과 레질리언스, 활기를 겸비한 차세대 건축 환경, 퍼블릭 스페이스와 랜드스케이프를 디자인한다.

골즈 02-04 환경 소재로 인지되기 시작한 목재를 적재적소에 사용한 건축과 도시를 디자인한다.

골즈 02-05 차별과 편견을 철저히 배제한, 누구나 생활하기 편하고 사용하기 쉬운 진정한 유니버설 도시와 건축 환경을 디자인한다.

차세대 모빌리티와 TOD(역·도시 일체 개발) 디자인

골즈 03-01 TOD 솔루션의 차세대 버전을 구축한다.

골즈 03-02 사회 변화에 대응하는 새로운 TOD 거점의 모습을 제안 한다.

골즈 03-03 모빌리티 혁명에 맞춘 도시 인프라, 건축, 랜드스케이프 디 자인의 모습을 제안한다.

골즈 03-04 모빌리티의 자율주행화를 응용하여 분산형 도시를 성립시 키는 시스템을 디자인한다.

Category. 04 Flexibility Design

설계에서 운영까지 고려한 플렉시빌리티 디자인

골즈 04-01 장기화/대형화/복잡화하는 대규모 개발에 있어서 계획 중 이거나 건설 중, 건설 후의 용도나 프로그램을 용이하게 수 정할 수 있는 제도나 구조를 디자인한다.

DX시대 도시와 건축의 프로토타입 디자인

골즈 05-01 미러 월드, 디지털 트윈스, IoT, AI를 구사한 차세대형 건축과 도시 디자인의 구조를 만든다.

골즈 05-02 디지털 패브리케이션이나 디지털 컨스트럭션을 근거로 한 설계 사무소 특유의 시공 감리와 그것을 반영한 디자인을 한다.

골즈 05-03 니켄 그룹의 사옥 등을 이용하여 디지털 데이터를 철저하게 이용한 최신 시설 관리(FM), 인적 자원 관리 시스템을 디자인하여 시행한다.

골즈 05-04 ICT 등을 이용하여 니켄 그룹 업무 시스템의 DX화를 도모하고 업무의 확대 및 효율화와 DX의 최첨단을 임직원이 일상 업무에서 체험하도록 한다.

굳이 새로 만들지 않는 디자인
(컨버전, 리뉴얼, 재사용, 재활용, 보존, 감축, 해체 설계에 의한 디자인)

골즈 06-01
컨버전에서 리사이클까지에 있어 선구자로서의 존재감을 내세우는 수법을 디자인한다.

골즈 06-02
장수명 건축의 버전 업: 물리적 내구성뿐만 아니라, 구조나 시스템으로 장수명화를 도모하는 디자인을 한다.

골즈 06-03
역사적 건축물을 더욱 오래 사용하는 헤리티지 디자인을 실천한다.

Category-07 Regulation Design

제도와 조직력 디자인

골즈 07-01
법 제도 디자인: 새로운 인센티브를 창출할 수 있는 새로운 제도를 디자인한다.

니켄 그룹 내 메커니즘 디자인

골즈 08-01 복잡한 프로젝트에서 고객이 기대하는 프로젝트 운영을 정하는 메커니즘을 제공한다.

골즈 08-02 BIM·ICT 산업의 수직 통합 등 변화에 따른 새로운 최적의 설계 및 건설 프로젝트 프로세스를 구축한다.

골즈 08-03 니켄 그룹을 개방적인 조직으로 바꾸고 프로젝트 단위로 외부 인재를 적극 도입, 외부 인재들과 협업함으로써 끊임 없이 자극을 받아들이고 내부에서부터 변화하는 구조를 디자인한다.

골즈 08-04 골즈를 실현할 수 있는 조직을 유지 발전시켜 나간다.

세계에서 선택받는 디자인/
시그니처 아키텍트로서의 디자인

**골즈
09-01**

각 프로젝트의 배경에 있는 마켓, 사회 및 문화를 이해하고 요구를 찾아내 디자인으로 대응한다.

**골즈
09-02**

국제 콘페에서 승리할 수 있는 디자인 체제, 하이 레벨의 프레젠테이션을 일상 업무로 만들 수 있는 제작 체제를 구축한다.

**골즈
09-03**

지역별 리서치를 실시해 현지화한 건축 디자인 컨셉을 만들고, 그 프로젝트만의 디자인으로 연결한다.

**골즈
09-04**

해외에서의 지명도와 브랜드력을 향상시키기 위해 해외 디자인 전략을 정비하고, 전략적으로 미디어 대응을 실시하며 프로모션을 도모한다.

**골즈
09-05**

세계에서 경쟁 가능한 필드에 서기 위해 필요한 디자인으로 성공적인 실적을 쌓는다.

준법성, 리스크 관리 디자인

골즈 10-01
리스크를 두려워하지 않고 새로운 도전이 가능하도록 법률 준수 및 리스크을 확인하는 메커니즘을 디자인한다.

골즈 10-02
기술력으로 새로운 가치 창출을 의식함과 동시에 리스크 헤지를 실시해 먼저 행동하는 니켄 그룹으로 체질을 향상한다.

골즈 10-03
프로젝트 전반에서 준법성을 철저히 도모하고 감리 단계에서도 더욱 철저히 관리 감독할 수 있는 구조를 구축한다.

골즈 10-04
개별 계약에 대한 인식을 높이고, 계약으로 인해 발생하는 문제를 억제하는 메커니즘을 디자인한다.

니켄 그룹만의 디자인

골즈 11-01

니켄 그룹의 계보와 축적된 데이터를 앞으로의 디자인에 활용할 수 있는 환경을 정비한다.

골즈 11-02

니켄 그룹만이 가능한 부문/그룹 회사 간의 연계를 살려 디자인한다.

골즈 11-03

거대 프로젝트 특유의 장점과 매력을 탐구하고 그에 맞게 디자인한다.

골즈 11-04

니켄 그룹의 껍질을 뚫고 나오는 새로운 '가능성'을 키운다.

Category. 12 Value Up Design

가치로 이어지는 디자인

가치 있는 사회 환경을 만들 수 있도록 디자인한다.

건설비용/유지 관리비로부터의 디자인을 한다.

Category. 13 Sophisticated Design

조형적 디자인의 추구

조형적 디자인의 '퀄리티'와 '시점'을 추구하고 '디자인으로 선택되는 NIKKEN'을 실현한다.

프로젝트마다 '챌린지'를 설정하고 디자인의 퀄리티를 최우선으로 한다.

골즈 13-03 퀄리티가 높은 디자인을 실현하는 '디자인 능력'을 높이기 위한 방법론 정비와 아카이브화를 실시한다.

골즈 13-04 보편성이 높은 '디자인의 시점'을 설정하고 디자인의 퀄리티를 철저하게 추구한다.

골즈 13-05 시대에 따른 새로운 '디자인의 시점'을 찾고 이에 대응하는 '새로운 디자인'을 창출한다.

골즈 13-06 '디자인의 퀄리티와 가치'를 평가하는 '디자인 용어'를 만들고, '모두가 디자인을 논의하는 장소'를 만든다.

Category. 14 Design for Dream

 with/after COVID-19 디자인

골즈 14-01 액티비티 디자인·2.0 버전 업: 애프터 코로나 시대에 사람이 모이는 의미, 활기찬 장소의 의미를 찾아 '써드플레이스'를 대신하는 새로운 모임의 방법, 모이는 장소를 디자인한다.

골즈 14-02 일하는 방식의 변화에 대응 가능한 새로운 도시 만들기 및 지금까지의 상식과는 다른 건축과 도시 만들기를 모색한다.

미래의 골즈
What is the next goal?
(골즈로 만들기에는 지금은 너무 이를지도 모르는 골즈 후보)

카테고리 15는 향후 추가 논의가 필요하기 때문에 이 책에서는 생략했다.

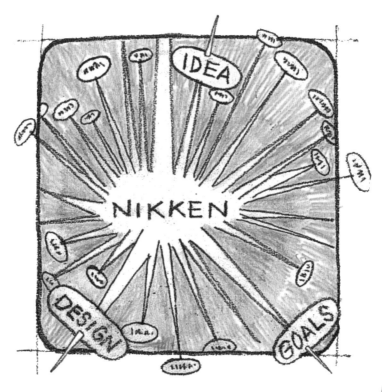

IGN GOALS

09 Global Design

10 Risk Management

14 COVafter 19

15 Design for Dream

What is the next goal ?

클릭!

Category 14.
with/after COVID-19のデザイン

< HOME >

REF
ENC

Goal 14-01 アクティビティデザイン2.0のバージョンアップ
—after COVID 1時代の、人の集まる意味を見出し、サードプレイスに代わる新しい人の集まり方の仕組み。集まる

Goal 14-02 働き方風土や力が変わり、それに呼応した新しい街づくりといった。これまでの常識とは異なる建築や都市づくりを構成する

21.07.21 第4回NDGゼミ開催
Category 14:Work-Life Mix 類解する働きかたと—住まいかた

About GOALS   Revision HISTORY   日建設計DO/DR   NEXT

Design Goals 사용 방법

인트라넷상의 메인 화면(위 그림)에서 보고 싶은 카테고리 아이콘을 클릭한다. 그러면 각각의 카테고리 내 '골즈'가 나온다. (아래 그림)

각 문장을 클릭하면 '챌린지'의 사례가 표시된다. ('챌린지'의 사례는 그 양이 방대하고, 개별적인 내용을 포함하기 때문에 여기서는 생략했다.) DO나 DR 신청도 이 사이트에서 가능하다. 각 카테고리의 아이콘을 핸드 드로잉으로 만든 것은 '아직 완성이 아니라 앞으로 계속 만들어 나가는 중'이라는 이미지를 전달하기 위해서다.

7장

'NIKKEN'은
불변의 룰을 믿지 않는다

골즈가 운영되기 시작한 것은 2021년 1월부터다. 책자로 만들어서 배포하는 것이 아니라 인트라넷상에서 열람하는 형태였다. 인터넷 메인 화면에 늘어선 15개 카테고리 그림을 클릭하면 각각의 골즈를 볼 수 있다.

골즈의 서두에는 '골즈와 챌린지의 운영 방침'이 적혀 있다. 그 내용은 다음과 같다.

- 골즈는 니켄 그룹 내의 창조적인 활동, 즉 넓은 의미의 디자인 지침이며, 활동에 있어서는 '니켄 디자인 골즈'의 개별 골즈나 챌린지를 참조한다.
- 개별 프로젝트가 목표로 하는 구체적인 챌린지와 구현 방법을 설정한다.
- 해당 챌린지를 DO/DR 기록에 적는다(당분간은 전체 DO/DR의 대상 프로젝트).
- 전체 DO/DR에서는 챌린지가 적절하게 설정되어 있는지, 디자인에 의해 구현되고 있는지를 논의한다.

DO는 설계 초기 단계에서 실시하는 'Design Orientation(방향성 회의)', DR은 설계 중반이나 마지막에 실시하는 'Design Review(디자인 리뷰)'를 말한다. 즉, 디자인 회의 장소에서 '골즈를 참고하면서 개별 프로젝트에서의 챌린지를 설정해야 한다.'

DO와 DR은 한때 카메이 사장(현 회장) 주최로 진행되었지만 최고디자인책임자가 임명된 후에는 그들이 주최가 되었다. 회의에는 두 명의 최고디자인책임자 외에 카메이 회장과 카와시마 부사장도 참여한다. 디자인에 관계되는 프로젝트는 기본적으로 모두를 대상으로 하고, 모든 프로젝트 중에서도 최고디자인책임자가 선택하는 것과 담당자가 신청한 프로젝트를 대상으로 한다.

> 디자인 회의에서 챌린지를
> 설정하고 설명하는 것은 필수.

●······ DO/DR에서의 활발한 의견 교환

실제 DO나 DR에서 골즈가 어떻게 사용되고 있는지를 취재했더니 운영 개시일로부터 반년이 지난 2021년 6월부터 7월 사이 총 10건 정도의 DO, DR을 온라인에서 볼 수 있었다. 과거에는 회의실에 모여 실시하던 것이 코로나 이후 온라인으로 개최되고 있는 것이다.

회의 시간은 30분 정도, 앞선 10분은 담당자 프레젠테이션, 남은 시간은 모든 직원들이 의견을 교환할 수 있는 시간이다. 프레젠테이션 서두에 각 담당자는 프로젝트에서 목표로 하는 챌린지를 설명하고 이후

그 챌린지를 중심으로 프로젝트의 상세한 내용을 들려준다. 이 흐름은 운영 개시일로부터 반년이 지난 현재 어느 정도 정착된 것으로 보인다. 이러한 진행 방식 덕분일까, 놀랄 정도로 의견 교환이 활발해졌다. 마치 설계팀 내에서 하는 논의처럼 자유로운 의견 교환이 이루어지고 있었다.

필자의 경험상 매니지먼트 층이 두터운 회의는 프로젝트의 리스크만 늘어놓기 쉽다. 그러나 이 회의는 반대로 방어적인 자세나 정형화된 디자인을 점점 지적해 가고 있다. 그냥 '챌린지'를 위한 회의라는 인상이 강했다.

●····· 사용하지 않는다면 그만두는 편이 좋다

야마나시는 이 현상에 대해 이렇게 말한다.

"골즈는 많이 참조되고 있습니다. 매일 수십 개의 액세스가 있습니다. 조사해 보면, 정점인 날에는 73명이 액세스할 정도입니다. 무시하는 사람도 있겠지만 거의 100% 기입하고 있습니다. 분명 어딘가에 공감할 수 있는 부분이 있습니다. 그건 당연합니다. 모두가 모았으니까요."

종이 매뉴얼이 아니라 온라인으로 볼 수 있게 한 것도 한몫했다고 야마나시는 말한다.

"이용도를 시각화한 것이 큽니다. 사용되지 않는다면 즉시 없애는 편이 좋습니다. 어쩌면 사훈 같은 것을 새롭게 만들었다고 해도 니켄 직원은 아무도 사이트에 보러 오지 않습니다. (웃음) 사내 문서의 대부분은 창고에 들어가서 다시는 꺼내 보지 않는 문서가 되기 쉬운데, 성격상 그런 일은 참을 수 없었습니다."

회의를 듣던 중 '너무 격렬한 것은 아닐까' 하고 걱정되는 DO나 DR이 있었지만, 야마나시는 그것도 나름의 의미가 있다고 느끼고 있었다.

"새로운 방법이 도입된 후 DO와 DR을 여러 차례 진행하는 프로젝트가 늘어났습니다. 그것이 프로젝트를 좋게 만드는 것 같았습니다. 이제까지 DR은 한 번이 보통이었고, 모두 의무감에서 하는 느낌이었습니다. 설계 이외의 분야에서도 DO나 DR에 신청하는 프로젝트가 나오기 시작했습니다. 구체적인 성과는 아직 말할 수 없지만 분명히 더 나아질 것이라고 생각합니다."

사훈 같은 것을 새롭게 만들었다 해도,
아무도 사이트에 보러 오지 않는다.

_ 야마나시

●······ 칭찬만으로는 앞으로 나아갈 수 없다

디자인 회의 멤버 등 몇몇에게 현재 골즈의 인상에 대해 물었다. 논의 초기에 "왜 지금, 디자인 전략입니까?"라고 야마나시에게 물었던 와타나베 유키(설계 부문 디렉터)는 현재 이렇게 느끼고 있었다.

"나이가 들수록 건축 디자인 이외의 곳에 쏟는 에너지가 커져 왔습니다. 클라이언트가 원하는 여러 가지 조건을 어떻게든 정리해서 완성할 수밖에 없었습니다. 디자인에 사용할 수 있는 시간은 한정되고, 기본적인 콘셉트 부분이 풍전등화일 경우도 있습니다. 저는 야마나시 씨 밑에서 일한 시간이 길기 때문에 이런 고민을 부담 없이 상담할 수 있었지만 방법적인 면에서는 개별적인 편향이 있을 수 있습니다. 그것을 회사 전체로 확장해 객관적인 잣대로 공유하려는 노력의 일환이라고 생각했습니다."

팀 멤버 이외의 사람으로부터 디자인에 대해 코멘트를 들을 때면 솔직히 귀찮다고 와타나베는 대답한다. 그러나 "칭찬받는 것만으로는 앞으로 나아갈 수 없습니다. 노동 시간이 엄격하게 관리되어 디자인에 대해 부담 없이 잡담할 기회가 과거보다 줄어들고 있습니다. 야마나시 씨를 포함해 그것을 시스템화해 준 노력들에 마음 깊이 감사하고 있습니다."

디자인 회의 멤버 측의 견해는 더욱 예리하다. 예를 들어 중국을 주요 무대로 하는 키타 치카라(설계 부문 디렉터)는 이렇게 말한다.

"결과적으로 줄이지 않고 가능한 한 있는 그대로 늘어놓은 것 같습니다. 각각의 위기감이 그대로 드러난 채 모여 있다는 느낌입니다. 지금의 니켄세케이를 잘 보여 주고 있는 것 같아요. 이것은 골이 아니라 스타트라고 생각합니다. 각자 가져와서 모아 놓은 위기감이 다음 단계의 힌트가 될지도 모르겠다고 느낍니다."

정병균(설계 부문 디렉터)은 사외로까지 메시지가 전해질지 궁금하다고 말한다.

"이번에 만들어진 것은 베이스 정도입니다. 점점 정리해 나가는 것은 지금부터 할 일입니다. 조금 더 독창적인 것이 생길지도 모른다고 기대했습니다만, 모두가 함께 정리하다 보니 다소 두루뭉술한 느낌입니다. 칼로 무를 자르듯이 깔끔하게 정리가 되지는 않았지요. 이제부터 '어디까지 추려낼지'가 중요한 문제라고 생각합니다. 경쟁 상대인 해외 건축사무소의 메시지는 전달하고 싶은 내용이 매우 알기 쉽게 정리되어 있습니다."

업계뿐만 아니라 '일반인'들에게도 그것이 어떻게 전달되는지는 매우 중요하다고 정병균은 말한다.

"'마츠코가 모르는 세계'(업계의 어려운 지식을 일반인에게 흥미롭게 설명하는 TV 버라이어티 프로그램)에 방송으로 기획하고 싶을 정도로 흥미진진해야 할 필요가 있다고 생각합니다. 그 정도의 관점으로 논의를 한층 더 진행한다면 더 독창적이고 가치 있는 골즈로 거듭날 것 같습니다."

> 조금 더 독창적인 것이
> 생길지도 모른다고 기대했지만,
> 모두가 함께 정리하다 보니 다소 두루뭉술한 느낌.

●⋯⋯ 정리하는 과정에 의미가 있었다

골즈가 정리된 직후인 2021년, 새롭게 사장으로 취임한 오마츠 아츠시에게도 물었다. 오마츠는 도쿄대학 건축학과 출신이지만, 1983년에 니켄세케이에 입사한 후 일관되게 도시개발 분야를 개척해 온 니켄 최초의 도시 부문 출신 사장이다.

"논의가 시작된 초기에는 '헌법' 같은 것을 만든다는 게 과연 괜찮은 것일까? 생각하고 있었습니다. 예를 들면 다양한 의견을 모으는 것이 좋다고 해도 전원이 같은 방향을 향해서 나간다는 것은 니켄 그룹에 위험한 일이라고 생각했습니다. 그러나 '디자인 광장'에 관한 논의와 그 대처를 보고 큰 의미가 있다고 느꼈습니다. 모두가 논의하고, 생각하는 폭을 정돈해 가는 형태가 실로 '니켄답다', 그리고 골즈 자체보다 프로세스에 의미가 있었다고 생각합니다. 코로나가 아니었다면 그 일에 그만큼 에너지를 쏟을 수 없었을 겁니다. 어쩌면 코로나 덕분에 여러 가지 논의를 펼칠 수 있었던 것 같습니다."

논쟁이 좀처럼 정리되지 않는 것에 대해 걱정된 적은 없었냐고 묻자 오마츠는 웃으며 말했다.

"그렇게 절대 정리되지 않는 것, 그것도 니켄답습니다. 콘페 안을 만들 때도 그렇습니다. 처음에 모두 모여도 아무도 정리하려고 하지 않습니다. '이번은 이 방침으로 갑시다!'라고 처음부터 리더가 말하는 일은 거의 없습니다. 정보를 공유하면 우선은 각각 2, 3안을 생각해 보자는 식입니다. 며칠 후에 모여도 여전히 방향은 정리가 안 됩니다. 정리가 안 되는대로 일단 시작을 하고 정리가 되기를 기다립니다."(웃음)

정리된 골즈에 대해서는 어떻게 생각하는지 물었다

"100% 수긍이 되지 않는 부분도 있지만, 굳이 정리하지 않는 것이 니켄답습니다. 차차 정리되어 가는 단계에서는 더욱더 생생한 논의가 필요하겠지요. 정리하는 프로세스에 의미가 있는 것처럼 앞으로는 이것을 바꿔 가는 프로세스에 의미가 있을 겁니다. 설계를 전담하는 사람뿐만 아니라 다양한 직종의 사람이 업무에 참고할 수 있도록, 또 그것을 통해 도시와 건축을 만드는 '전문가 집단'이 될 수 있도록 바꾸어 나가고 싶습니다."

코로나가 아니었다면,
이 논의에 그만큼의 에너지를 쏟을 수 없었다.

●⋯⋯ 무언가가 성장하고 진화할 수 있도록 다양한 씨앗을 심어둔다

　마지막으로, 두 사람의 최고디자인책임자에게 지금의 생각과 향후 계획에 대해 이야기를 듣고 이 책을 마친다. 먼저 오타니의 이야기를 들어 보자.

　"모두의 의견을 통합해 골즈라는 프로토타입이 일단 완성됐습니다. 사실 아직까지 그다지 무언가를 달성했다는 느낌은 없습니다. 우선 DO나 DR에는 사용할 수 있게 되었지만, 모두가 각자의 상황에 맞춰 카테고리를 고르고 챌린지를 보여 주는 정도입니다. 숫자를 수반하는 구체적인 도전을 보여 주는 사람은 현재로서는 많지 않습니다. '가치로 이어지는 디자인'이라는 카테고리가 있는데(205 페이지 참조), 이것은 모두 피해갑니다. (웃음)

　완성된 골즈의 프로토타입을 어떻게 구현할 것인지가 앞으로의 중요한 과제입니다. 골즈는 360도 다방면으로 가능성이 돌출될 수 있는 형태를 띠고 있습니다. 적자생존의 방식입니다. 어떤 방향이 어떻게 될지 말하지 않고, 어떤 것이 살아남아 성장해 갈지 예상해 보는 상황, 그것이 니켄세케이의 장점이기도 하고 약점이기도 합니다. 살아남기 위해서는 그것들을 정성들여 보살피지 않으면 안 됩니다. 니켄세케이에는 예언자가 있어서는 안 됩니다. 실제로 미래는 아무도 예측할 수 없으니까요."

●⋯⋯ AI에게 Goals를 자동 추출하게 하고 싶다

한편 야마나시는 이렇게 말한다.

"각각의 디자인 담당자가 디자인으로부터 도망치지 않고 생각하게 되었습니다. 논쟁의 장에서는 단순히 좋다, 싫다가 아니라 논리적인 디자인에 대해서 의견을 말하게 되었습니다. 그것이 큰 성과였다고 생각합니다."

향후 계획에 대해서는 컴퓨터를 잘 활용하는 야마나시다운 생각을 들려주었다.

"몇 년 후에는 AI(인공지능)에 기본 설계서를 인식하게 한 뒤 골즈를 자동 추출하도록 하고 싶습니다. 그렇게 되면 골즈는 더욱 다양해질 겁니다."

이 책이 출판될 무렵에는 이미 여기에 게재한 것과는 상당히 다른 내용의 개정판 디자인 골즈가 정리되어 가고 있을지도 모르겠다.

그들은 '불변의 룰'을 믿지 않는다. 1년 반이라는 시간, 니켄세케이를

취재해 오면서 이 조직이 120년 동안 살아남은 이유를 이제 조금 알게
된 것 같다.

"니켄세케이에는 예언자가 있어서는 안 됩니다."

- 오타니

명작 '팔레스 사이드 빌딩'(78페이지 참조)의 옥상에서, 두 명의 최고디자인책임자.
왼쪽이 야마나시 토모히코, 오른쪽이 오타니 히로아키 (사진: 마토노 히로미치)

8장

그 이후로도 멈추지 않는
'NIKKEN'

01 Global Environment

NBF Osaki Building 2011
Tokyo, Japan

세계 최초 냉각시스템 '바이오스킨'

기업의 기술 개발 부문을 통합하는 연구 개발형 오피스. 파사드의 '바이오 스킨'은 여름철 살수(撒水) 효과에서 힌트를 얻은 세계 최초의 냉각 시스템이다. 발코니의 난간을 겸한 도기로 만든 관루버에 저류 빗물을 순환시켜 기화열로 냉각함으로써 주변 공기를 식히고 빌딩 내부의 냉방 부하를 절감하는 효과가 있다.

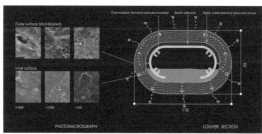

01 Global Environment

Shanghai Greenland Center 2018
Shanghai, China

URBAN FARM

지하철역을 중심으로 한 녹색의 '골짜기와 같은 지형'을 만들어 지하에서 오는 활기찬 분위기를 건축 전체에 연결시킨 TOD 복합건축이다. 도시화가 진행되는 상하이 중심부에 약 2만㎡의 일상적으로 이용하는 그린 퍼블릭 스페이스를 만들어 함께 영위·육성해 나가는 'URBAN FARM'이다.

또한 기능에 맞춰 '작은 지형'을 휴먼 스케일로 디자인하여 내부와 외부, 도시와 녹지가 다채롭게 융합되는 공간을 전개하고 있다.

02 Wellness & Resilience

JR Kumamoto Station Building 2021
Kumamoto, Japan

바이오 필릭·어반 오아시스

JR구마모토역 빌딩에서는 공간디자인에 자연을 도입하는 것으로 이곳을 이용하는 사람의 생산성과 행복감을 향상시키는 바이오 필릭 디자인을 채용했다. 시설의 핵심이라고도 할 수 있는 1층에서 7층까지의 보이드 공간에 물과 녹지로 가득찬 입체 정원을 만들었다. 보이드 공간은 계단의 형태로 자연광을 실내에 끌어들여 시뮬레이션을 통해 최적화된 생육 환경을 만들어 일본에 자생하는 수십 종류의 식물을 배치했다.

03 Next TOD

Cadre International TOD Center 2024
Guangzhou, China

중국 최초, 입체 TOD 프로젝트

고속철도, 도시 간 철도, 지하철 등 총 9개 노선의 대중교통 거점과 오피스, 상업, 호텔을 일체적으로 개발하는 교통허브형 복합개발 프로젝트. 광저우-선전-홍콩을 잇는 도시간 철도가 저층부 4층을 관통하고, 여러 지하철 환승홀이 B2층에서 연결된다. 도시 간 철도와 지하철과의 환승 공간 사이에 있는 스테이션 코어를 통해 사람들을 시설로 유도하고 철도가 보이는 어반코리도를 통해 도시로 보행자 동선을 연결하고 있다.

03 Next TOD

Toyota Woven City 2024
Susono, Japan

모빌리티가 가능성을 확대하는 실험도시

과거 토요타자동차 동일본의 히가시 후지공장이었던 장소에 구축하는 미래의 상식을 디자인하기 위한 도시 만들기이다. Woven City는 지상 및 지하 공간에 사람을 중심으로 한 여러 동선을 배치한 것이 특징이다. 배송과 물류, 대중교통, 소형 모빌리티, 보행자 각각의 길을 만들어 안전하고 효율적인 이동을 실현하는 계획이다.

녹지, 바람, 물, 빛이 가득한 고층도시

디자인 컨셉은 '바람'이다. 오래전부터 주요 공항이었던 장소. 그 주변에 현재도 남아 있는 장소의 흔적들과 공기의 흐름이 그 발상의 근원이 되고 있다. 빌딩풍과 열섬현상을 감소시켜 도심 환경 향상을 의도한 이타적인 환경 개선 건축이다. 배치나 형상 등 모든 요소에서 유체 시뮬레이션 기술이 활용되고 있다.

06 Conversion & Re-use

Beijing DingHao3 Reborn Project 2022
Beijing, China

지속가능형시대를 앞서가는 Re-innovation

중국의 실리콘밸리로 불리는 베이징시 중관촌.

시대 변화에 뒤처진 대형 상업시설을 스크랩 앤드 빌드로 재건축하는 것이 아니라 고급 오피스 빌딩으로 리노베이션해 새로운 시대의 랜드마크로 재탄생시켰다. 상업 → 사무실로의 용도 변경을 위해 바닥을 재배치한 구조 리노베이션과 외장을 모두 교환하는 외장 풀 리노베이션을 실시했다. 도시의 스톡을 살리면서 업데이트하여 계속 사용함으로써 저탄소화(Decarbonization)와 사업성(Feasibility)을 겸비한 기법으로 베이징 정부로부터 도시 갱신 시범 프로젝트로 주목받고 있다.

09 Global Design

World Trade Center 1988
Seoul, Korea

한국 경제성장의 아이콘

1984년 가을, 한국 5개사, 미국 2개사, 일본 1개사가 참가한 국제현상설계에서 당선됐다. 시설은 54층 규모의 트레이드 타워, 전시장, 호텔, 한국도심공항 터미널 빌딩, 백화점, 쇼핑 센터 및 3,000대 수용 지하 주차장 등으로 구성되어 있다. 경제의 난계적이고, 확고한 성장을 상징하는 스텝형 입면이 인상적이다.

공동설계: Junglim Architecture

09 Global Design

POSCO E&C Tower(Songdo Office) 2010
Incheon, Korea

새로운 도시의 랜드마크

크리스탈 게이트를 이미지화한 트윈타워와 높이 30m, 길이 120m의 유리 아트리움으로 구성되었다. 타워 입면을 경쾌하게 보여 주는 대각선 패턴의 배후에 구조 브레이스를 설치해 수평력을 부담시킴으로써 구조재의 수량저감을 도모했다. 아트리움을 중심으로 한 저층부는 회의실, 전시 및 다목적 홀 등 공용시설로 구성되며, 지하철역과 직결시켜 접근의 편의성을 고려했다.

공동설계: Posco A&C, Gansam Architects & Partners

09 Global Design

Tadawul Tower 2022
Riyadh, Saudi Arabia

중동 금융 거래의 중심

사우디아라비아의 수도 리야드, 킹 압둘라금융가 중심부에 위치한 타다울 타워는 증권거래소와 주요 금융기관을 내포한 중동 지역 금융 중심지로서의 입지를 확고히 하고 있다. 샤프한 형상은, 한층 상징적인 존재감을 나타냄과 동시에, 테크놀로지, 지속 가능성, 환경 배려와 디자인의 통합이라고 하는 니켄세케이의 비젼을 나타내고 있다.

두바이의 품격 있는 새로운 심볼

두바이 중심지의 'New Gate'가 될 오피스·호텔·주택·상업시설을 포함한 복합시설. 고속도로를 사이에 둔 2개 부지에 서 있는 초고층 트윈타워와 지상 100m 지점에서 2개 동을 잇는 세계 최장의 캔틸레버를 실현한 'The Link'는 비대칭의 직선적 구성으로 강직하면서도 아이코닉한 디자인을 추구했다.

09 Global Design

Futur Spotify Camp Nou 2026
Barcelona, Spain

축구 성지 캄프누의 대규모 리노베이션

니켄세케이가 2016년에 현상설계에서 당선된 FC 바르셀로나 팀의 본거지 캄프누 경기장. FC 바르셀로나는 '소시오'라고 불리는 팬들에 의해 운영되고 있으며, 그 민주성을 거대한 차양으로 뒤덮인 외주부의 콩코스·테라스로 표현했다. 외장을 없앰으로써 콩코스에 있는 관객이 도시의 풍경이 되도록 계획했다.

11 All NIKKEN Design

Tokyo Station Yaesu Development 2013
Tokyo, Japan

역·도시 일체화가 만들어 낸, 도쿄의 새로운 얼굴

도쿄역 야에스 출구 개발은 마루노우치측에 복원된 도쿄역 마루노우치 역의 '역사성'을 상징하는 현관인 것
과 대비하여, 야에스 출구는 '미래'를 상징하는 현관으로 '선진성, 첨단성' 을 디자인하였다.

초고층 트윈타워, 데크, 그랜드 루프, 인접한 역 앞 광장에 이르는 모든 공간을 일체적으로 디자인한 랜드스
케이프는 부드러운 녹지를 자연스럽게 엮어 사계절의 표정을 가진 수도 도쿄의 새로운 얼굴로서 퍼블릭 스
페이스를 만들어 내는 데 성공했다.

13 Sophisticated Design

HD Hyundai Global R&D Center 2023
Seongnam, Korea

CUBE, VOID, GRID로 구성된 스마트 R&D 오피스

HD현대 글로벌R&D센터는 HD현대 17개 계열사의 연구 인력 및 지원 인력 5천 명이 근무하는 그룹의 통합 사옥으로 최상의 근무 환경 제공 및 에너지 절감형 친환경 건축물을 목표로 계획하였다. 외장은 디자인 콘셉트인 "SMART CUBE"를 구현한 약 90m 정방형 큐브의 모양으로 4.5m 그리드의 철골 아웃프레임을 그대로 디자인에 적용시켰다. 기준층에서는 중심으로부터 약 36m 정사각형의 보이드가 특징적이며, 복사냉난방·칠드빔을 도입해 쾌적한 워크플레이스 만들기를 목표로 했다. 커뮤니케이션 데크를 거대한 보이드에 연접시켜 다양한 커뮤니케이션이 유발되도록 했다.

공동설계: Heerim Architects & Planners Co., Ltd

15 Design of Dream

W350 Plan 2041

도시를 숲으로 바꾸는 연구기술 개발 구상

스미토모 임업 주식회사가 창업 350주년이 되는 2041년을 목표로 중·대규모 건축물의 목조화·목질화에 의해 도시를 숲으로 바꾸는 환경 목재도시 실현을 목표로 하는 연구기술 개발 구상. 높이 350m의 목조 초고층 건축물의 시설계에 의해 추출한 과제를 건축 공법, 친환경 기술, 사용 부재나 자원이 되는 수목의 개발 등 미래 기술로 해결하고, 사람과 사회, 지구 환경에 공헌함을 목표로 한다.

옥상층 평면도

단면도

마지막으로 '왜 니켄세케이인가'에 대해서 쓰고 싶다.

이 책은 필자가 독립한 이후에 쓰는 두 번째 책이다. 첫 번째는 2021년 5월에 출간된 『쿠마 켄고 건축 도감』(닛케이BP 출간)이었다. 스타 건축가 쿠마 켄고와 조직 설계 사무소 니켄세케이. 두 책 사이에는 특별한 관련이 없어 보일지 모르지만, 이번의 책은 필자 나름대로 계획한 '첫 번째 책의 하권 개념'이다.

● ⋯⋯ 쿠마 켄고와 니켄세케이, 공통분모는 '사회와의 관계'

책의 서두에서도 언급했듯이 필자는 건축을 배운 사람이 아니다. 문과 출신으로 우연히 건축 전문 잡지 「닛케이 아키텍처」에 배속된 후부터 건축의 재미에 눈을 떴다. 잡지의 구독자는 건축의 프로들이다. 시간이 지날수록 '이 건축의 재미를 일반인에게도 알려 주고 싶다'는 생각이 강해졌고, 입사 30년째 되는 해에 독립했다.

첫해 대부분의 시간을 쿠마 건축 투어와 니켄세케이 취재를 하며 보냈다. 쿠마에게 주목했던 건, 솔직히 말해서 그가 '유명인'이었기 때문이다. 구체적인 프로젝트 이름은 모르더라도 대부분의 사람들이 쿠마 켄고라는 이름을 알고 있고, 일본과 세계 각지에 잇달아 쿠마의 건축 작품이 탄생하고 있다. 쿠마 건축을 통해 '건축과 사회를 연결하는 힌트'를 찾고 싶었다. 첫 번째 책에서는 바로 그런 것들을 구상했다.

한편 니켄세케이에 대해 정리하고 싶다고 생각한 이유는, 이것 역시 솔직히 말하자면 니켄세케이가 별로 알려져 있지 않았기 때문이다. 니켄세케이는 몰라도 대부분의 사람들이 도쿄 타워나 도쿄 스카이 트리는 알고 있다. 그런데 왜, 회사 이름은 아무도 모를까?

원래 일반인은 '조직 설계'라는 존재를 모른다. 건축가에 대해 알고 나면 건축에 대한 흥미가 늘어나듯이 조직 설계에 대해서 알고 나면 도시를 보는 일이 즐거워진다. 니켄세케이를 통해 일반인들이 조직 설계에 관심을 갖게 되면 좋겠다는 생각이 들었다.

● ····· 故하야시 쇼지에게 배운 '반성'이라는 원동력

그러한 의도로 집필했기 때문에 책에서는 일반인이 흥미를 느낄 만한 에피소드를 중심으로 이야기를 전개했다. 아는 사람만 알 수 있는 이야기는 피했다. 더 깊이 파고 싶었던 이야기도 있는데 그중 하나가 하야시 쇼지(1928년~2011년)에 관한 것이다.

사실 필자가 니켄세케이에 흥미를 가지게 된 것은 25년 전쯤 하야시 쇼지를 취재하고 나서부터다. '건축계의 큰 어른'과 같은 존재였던 하야

시를 사회 경제 분야 담당이었던 젊은 날의 필자가 종종 취재에 나설 일이 있었다. 일반적으로는 '독설가'라고 불리는 하야시였지만 필자에게는 '반성하는 사람'이라는 이미지가 강했다. 하야시는 자신이 담당한 건축에 대해 "더 이렇게 할 수 있었을 텐데"라고 공공연히 반성의 말을 하곤 했다.

클라이언트를 의식해서라도 "이 건축은 최고입니다"라고 말하는 경우가 대부분인데(쿠마 켄고는 자주 그렇게 말한다) 하야시는 "자신의 한계"를 인정하고 "가능한 또 다른 가능성"을 지적한다.

특히 인상 깊었던 것은 2005년 '초고층 빌딩이 많아지는 근대 건축은 도시의 풍경을 아름답게 만들고 있는가'라는 주제로 취재했을 당시 그의 코멘트다. 이 기사에서는 근대 건축이 용적률을 고려하여 배후에 병풍과 같은 초고층 빌딩을 세우는 것에 대해 어떻게 생각하는지를 물었다. "새로운 보존 가능성을 보여 준다." "아니, 경제를 최우선으로 하는 개발은 도시를 망친다." 등의 의견이 분분한 가운데 하야시만이 전혀 다른 입장을 보였다.

"무엇을 위해 초고층화할 것인가. 애초에 이 문제의식은 건폐율을 줄이고 빌딩의 저층부에 오픈 스페이스를 만들어 기분 좋은 도시 공간을 만들자는 발상에서 나온 것입니다. 그 저층부에 위압감이 있는 근대 건축이 자리하고 있는 지금의 모습은 처음의 문제의식과는 괴리가 있습니다. (중략) 이것은 우리의 세대가 매력적인 도시를 위한 오픈 스페이

스를 만들지 않은 탓입니다."(「닛케이 아키텍처」 2005년 1월 10일호부터)

본래 목표로 하고 있던 초고층 빌딩을 실현하지 못한 우리에게 문제가 있다는 지적이다. 니켄세케이가 지금까지 설계한 초고층 빌딩 모두를 비판하고 있다고도 말할 수 있다. 그렇게 말할 수 있는 하야시에게도 끌리고, 그런 하야시가 리더로 있던 니켄세케이에도 끌렸던 것이 아닌가 싶다. (니켄 사람들이 어찌 생각할지는 제쳐 두고…….)

단순한 비판만으로 세계는 변하지 않는다. 과거에 대한 철저한 검증과 냉정한 분석에 의해 미래의 가능성은 열린다. 필자는 하야시로부터 이것을 배웠다. 하야시가 일선에서 물러나고 20년 지난 지금, 이번 '디자인 전략' 만들기도 그런 정신을 계승한 것으로 보인다.

필자의 필력으로 그 도전의 재미가 얼마만큼 일반인들에게 전달되었는지 모르겠다. 몇 번이고 적은 글을 다시 볼 때마다 이렇게 하면 좋았을 걸, 이런 것도 할 수 있었을 텐데하는 아쉬운 부분이 보였다. 그러나 이제 아쉬움은 잠시 접고 하야시를 본받아 이 책을 다음 도전을 위한 원동력으로 삼을 생각이다.

2021년 10월
미야자와 히로시

'NIKKEN'
시대의 가치가 반영된 도시와 건축을 세우다

세계에서 가장 오래된 설계사무소가 끊임없이 진화해 가는 이야기가 흥미진진하다. 이 책을 읽다 보면 '최고(最高)'보다 '최고(最古)'라는 단어가 가진 의미를, 그 가치를 생각하게 된다. 그렇게 오랜 시간 탈피하고 진화하는 고통을 감내하고, 몇 번이고 새로 태어나기를 반복하는 회사가 여기에 있다. 바로 NIKKEN이다.

123년의 역사, 누구의 소유가 된 적도, 누군가의 강력한 리더십으로 휘둘린 적도 없는, 게다가 어떤 특정한 이념조차 주장한 적 없는 회사. 적절히 이윤을 추구하고, 사회의 가치에 부합하려 노력도 한다. 시대를 리드하는 기술력을 최전선에서 실험하기도 하고, 역사적인 건조물을 최적으로 복원·활용하는 대안을 만들기도 한다. 말 그대로 집단적 이성으로 주어진 과제를 묵묵히 풀어 가며, 변화에 충실히 적응해 나가고 있는 회사가 바로 NIKKEN이다. 디자인 골즈도 그런 일련의 과정임이 분명하다.

역자가 오랫동안 일하면서 느낀 NIKKEN에 대한 감상은 다소 복잡하다. 누구에게도 뒤지지 않는, 혹은 시대에 길이길이 남는 건축물을 설계하겠다는 꿈을 품고 NIKKEN에 입사했다. 그러나 오랜 시간이 지나고 보니 NIKKEN은 단순한 건축물이 아닌 도시와 건축의 기반, 혹은 골격을 만드는 곳이었다. 도시, 토목, 건축, 인테리어, 컨스트럭션 매니지먼트까지, 다양하다면 다양하고, 특징이 없다면 없다고도 할 수 있겠다. 그러나 시대를 대표하는 유명한 건축 디자인을 끊임없이 창출하지는 않아도, 어떤 형태로든 시대의 가치가 반영된 도시와 건축을 조직하고 만드는 정예 집단인 것은 틀림없다. 최고(最高)를 추구하지는 않지만 지속 가능한 생명력을 가진 최장(最長) 혹은 최고(最古)를 추구하는 집단임에는 그 누구도 이의가 없을 것이다. NIKKEN은 그런 도시·건축 설계회사다.

디자인 골즈를 만들기 위해 1년 동안 50여 회 넘는 회의를 진행했고, 3번에 걸쳐 전 사원을 대상으로 하는 이벤트도 열었다. 초반에는 다소 방대하고 추상적인 담론이 지리멸렬할 정도로 반복되기도 하고, 모두가 그저 일정한 거리에서 지켜보기만 한 시간도 길었다. 어디까지 가나 두고 보자는 듯 결론은 쉽게 나지 않았다. 그리고 그해의 마지막 달, 드디어 15개의 카테고리, 51개의 골즈, 364개의 챌린지가 완성되었다. 아니, 완성되었다기보다는, 길고 장황했던 담론을 하나하나 되짚어 가며 '채집'했다는 말이 더 정확할지 모른다. 지금 생각해 보면 두 명의 최고디자인책임자(CDO)는 확정된 사실이나 생각들보다, 망설임이 많은 생각들 중에 미래를 이끌어 갈 아이디어가 있다고 믿고 끈기 있게 기다린 듯하다.

이 책에서 364개의 챌린지를 모두 소개할 수 없는 것이 아쉽다. 그것이야말로 1년간의 긴 여정을 여실히 보여 줄 것임에 분명하나, NIKKEN의 미래 전략이고, 중대한 기업 비밀이기도 해서 공개하기는 어렵다고 판단한 것 같다. 그러나 지금 이후 NIKKEN의 달라진 궤적들을 지켜보면 그 챌린지가 어떠한 것인지 조금씩 짐작할 수 있을 것이다. 빠른 시일 내에 쌓이고 쌓인 수많은 NIKKEN 챌린지들이 베일을 벗는 날이 오기를 바란다.

2023년 5월

정병균, 김미화

사진 크레딧

p39 산와은행 도쿄 빌딩 (사진 제공: 니켄세케이)

p53 스미토모 총본점 임시 건물 (사진 제공: 스미토모 자료관)

p54 스미토모 스마 별장 (사진 제공: 스미토모 자료관)

p60 도쿄 어음 교환소 (출처: 도쿄 어음 교환소 신축사 사진첩 제공)

p69 하치만 제철소 도하타 전로 공장 (사진 제공: 니켄세케이)

p71 고베 상공 무역센터 (사진 제공: 니켄세케이)

p72 세계 무역센터 빌딩 (사진 제공: 니켄세케이)

p74 산아이 드림 센터 (사진 제공: 가와스미·고바야시 켄지 사진 사무소)

p80 트윈 21 (사진 제공: 니켄세케이)

p86 모드 학원 스파이럴 타워 (사진 촬영: 스즈키 켄이치)

p89 아리아케 체조 경기장 (사진 촬영: SS Co., Ltd.)

p222-223 NBF Osaki Building (사진 제공: Harunori Noda [Gankohsha])

p224-225 Shanghai Greenland Center (사진 촬영: P224 오른쪽 상단 Mintwow P224 하단 P225 Shanghai pdoing Vision & Culture Communication Co.Ltd)

p226-227 JR Kumamoto Station Building (사진 촬영: SS Co., Ltd.)

p228-229 Cadre International TOD Center (사진 제공: Cadre Investment Co.,LTD)

p230-231 Toyota Woven City (이미지 제공: 니켄세케이)

p232-233 International AI Tower & Plaza (사진 촬영: p232Mintwow, p233 Eiichi Kano)

p234-235 Beijing DingHao3 Reborn Project (사진 촬영: p234 Zhen Jia Yao, p235 Tian Fangfang)

p236-237 World Trade Center (사진 제공: Getty Images Korea)

p238-239 POSCO E&C Tower (Songdo Office) (사진 제공: p238 오른쪽 상단 Gansam Architects & Partners/ p238 왼쪽, 오른쪽 하단 Getty Images Korea p239 Gansam Architects & Partners)

p240-241 Tadawul Tower (사진 촬영: Gerry O'Leary)

p242-243 One Za'abeel (사진 촬영: Gerry O'Leary)

p244-245 Futur Spotify Camp Nou (이미지 제공: 니켄세케이)

p246-247 Tokyo Station Yaesu Development (사진 촬영: p246 SS Co., Ltd.p247 Rainer Viertlböck)

p248-249 HD Hyundai Global R&D Center (사진 촬영: 김용관)

p250-251 W350 Plan (이미지 제공: Sumitomo Forestry & 니켄세케이)

참고 문헌

『키타하마 5초메 13번지까지 니켄세케이의 계보』 1991년, 코니시 타카오 저자, 니켄세케이 발행.

『키타하마 5초메 13번지에서 니켄세케이의 100년』 1999년, 다카하시 다카유키 저자, 니켄세케이 발행.

『니켄세케이 20년사』 1970년, 니켄세케이 발행.

『설계 기술 니켄세케이의 100년』 2001년, 니켄세케이 발행.

『니켄세케이 115년의 생명지』 2015년, 하야시 카즈히사(니켄세케이 고문) 저자, 니켄세케이 발행.

『닛케이 아키텍처』 1977년 10월 17일호 '설계 조직 케이스 스터디·니켄세케이'

『신건축』 1962년 월호 '르포르타주: 설계 조직 파헤쳐 보기' 하마구치 타카이치, 무라마츠 사다지로 저자.

표지 일러스트 제작은 니켄세케이 일러스트레이션 스튜디오.

저자

미야자와 히로시

일러스트레이터, 편집자, 「BUNGA NET」 대표 겸 편집장.

1967년 도쿄 출생. 1990년 와세다 대학 정치 경제 학부 졸업, 닛케이 BP사 입사.

건축 전문지 「닛케이 아키텍처」 편집부 배속. 2016~2019년, 「닛케이 아키텍처」 편집장.

2020년 4월부터 이소타츠오와 Office Bunga를 공동 주재.

건축 넷 매거진 「BUNGA NET」 운영.

2021년 5월 주식회사 분가넷 설립.

저서로는 「쿠마 켄고 건축 도감」, 「쇼와 모던 건축 순례」※, 「프리 모던 건축 순례」※, 「일품·일본의 역사 건축」※

(※는 이소 타츠오와 공저) 등이 있다.

역자

정병균 니켄세케이 설계부문 디렉터 | 일본 1급 건축사

울산대학 졸업 후, 일본 츠쿠바대학에서 석사과정을 마치고, 인천대 송도 캠퍼스(2009), 포스코 E&C본사(2010), 국제 어린이 도서관(2015) 등 한국과 일본의 건축 프로젝트에 참여하였다. 2013년 UCL Bartlett에서 도시디자인 석사과정 수학을 계기로, 도시와 공공교통, 퍼블릭 스페이스를 테마로 한 TOD에 관심을 두고, 광저우 ITC(2024), 충칭 샤핑바역 (2021), 광저우 바이운역 TOD(2023) 등의 설계를 다수 담당하고 있다.

김미화 니켄세케이 설계부문 팀장 | 일본 1급 건축사

한국에서 정치외교학을 공부한 후 건축가의 꿈을 이루기 위해 유학길에 올라, 일본 타마미술대학(Tama Art University)에서 건축을 공부하고 니켄세케이에 입사했다. 오시아게 자전거 주차장(2012), 도쿄 가든 테라스 키요이초(2016), 니시니혼시티은행 키타큐슈빌딩(2017), 인천항 국제 여객 페리 터미널(2019), HD현대 글로벌 R&D 센터(2023) 등 일본과 한국을 오가며 도시·건축 설계를 담당하고 있다.

니켄세케이 미래를 짓다

초판 1쇄 인쇄 2023년 5월 10일
초판 1쇄 발행 2023년 5월 15일

—

지은이 미야자와 히로시
역　자 정병균·김미화
펴낸이 김호석
펴낸곳 도서출판 대가
편집부 주옥경 · 곽유찬
디자인 전영진
기획·홍보 김신
마케팅 오중환
경영관리 박미경
영업관리 김경혜

—

주소 경기도 고양시 일산동구 무궁화로 32-21 로데오메탈릭타워 405호
전화 02) 305-0210
팩스 031) 905-0221
전자우편 dga1023@hanmail.net
홈페이지 www.bookdaega.com

—

ISBN 978-89-6285-016-1　03000